Ricardo Jucá

A
pirâmide
do fazer acontecer

5 PASSOS PARA TRAZER MAIS RESULTADOS,

EM MENOS TEMPO E COM MAIS SATISFAÇÃO

Capa	Fernando Cornacchia
Coordenação	Ana Carolina Freitas
Copidesque	Simone Ligabo
Diagramação	DPG Editora
Revisão	Ademar Lopes Jr., Edimara Lisboa e Isabel Petronilha Costa

---

Dados Internacionais de Catalogação na Publicação (CIP)
(Câmara Brasileira do Livro, SP, Brasil)

Jucá, Ricardo
   A pirâmide do fazer acontecer/Ricardo Jucá. – Campinas, SP: Papirus 7 Mares, 2015.

Bibliografia.
ISBN 978-85-61773-65-6

1. Administração do tempo 2. Autoavaliação 3. Executivos 4. Liderança 5. Planejamento 6. Sucesso I. Título.

14-13477   CDD-658.4093

Índice para catálogo sistemático:
   1. Administração do tempo: Executivos: Empresas   658.4093

1ª Edição – 2015
2ª Reimpressão – 2021
Livro impresso sob demanda – 80 exemplares

Exceto no caso de citações, a grafia deste livro está atualizada segundo o Acordo Ortográfico da Língua Portuguesa adotado no Brasil a partir de 2009.

Proibida a reprodução total ou parcial da obra de acordo com a lei 9.610/98.
Editora afiliada à Associação Brasileira dos Direitos Reprográficos (ABDR).

DIREITOS RESERVADOS PARA A LÍNGUA PORTUGUESA:
© M.R. Cornacchia Editora Ltda. – Papirus 7 Mares
R. Barata Ribeiro, 79, sala 316 – CEP 13023-030 – Vila Itapura
Fone: (19) 3790-1300 – Campinas – São Paulo – Brasil
E-mail: editora@papirus.com.br – www.papirus.com.br

A
pirâmide
do fazer acontecer

5 PASSOS PARA TRAZER MAIS RESULTADOS,
EM MENOS TEMPO E COM MAIS SATISFAÇÃO

AGRADECIMENTOS

Mais um livro da Atingire, construído com toda a equipe.

Mais um passo na busca contínua do nosso propósito: "Ajudar a desenvolver o líder em cada um, contribuindo para que nossos clientes construam organizações vencedoras".

Obrigado a meus sócios, Edil, Fernando e Ruy, pelas muitas contribuições. Obrigado também a toda nossa equipe de operações e *design*, pelo apoio aos inúmeros projetos de aprendizagem que permitiram a aplicação e o refinamento do método dividido neste livro. E, claro, um agradecimento especial aos nossos mais de 100 clientes e ao nosso time de 40 facilitadores, verdadeiros parceiros da Atingire.

Sumário

Sobre o livro 7

Introdução 11

PASSO 1: ONDE ESTAMOS E AONDE QUEREMOS CHEGAR? 21
Situação: Primeiro defina bem onde você está. 23
Visão: Pensando grande – O poder de definir bem o que é sucesso 41

PASSO 2: POR QUE NÃO ESTAMOS LÁ? 55
Problemas e causas: O segredo das pessoas que trabalham
menos – e trazem mais resultados 57

PASSO 3: O QUE FAZER? 95
Metas: Imagine um jogo de futebol – só que sem as traves 97
Planos: Como construir planos fortes e que funcionem na prática 125
Incentivos: Você consegue o que mede – e recompensa 173

PASSO 4: ESTAMOS FAZENDO? 195
Ação: Como superar as barreiras para trazer seu plano para a realidade 197

PASSO 5: CHEGAMOS? AJUSTES SÃO NECESSÁRIOS? 221
Controle e ajustes: Por que e como controlar e ajustar os planos 223

Conclusão: A essência para fazer acontecer 242

Você vai fazer diferente? 246

Apêndice A: 12 princípios para reuniões que fazem acontecer 248

Apêndice B: Cinco tipos de apresentação que fazem acontecer 256

Apêndice C: Autoavaliação – Onde estão suas forças e
oportunidades para fazer acontecer? 264

Apêndice D: Pesquisa sobre o perfil de executivos brasileiros 266

Apêndice E: Um plano em uma página 270

Referências bibliográficas. 271

Sobre o livro

Por que um livro sobre fazer acontecer?

Fazer acontecer – que definimos como a capacidade de entregar resultados, apesar das barreiras, com as pessoas e de forma ética – é uma competência crítica para a vida profissional. Mas, apesar da sua importância, talvez seja uma das habilidades menos desenvolvidas. Segundo diversas pesquisas realizadas nas últimas duas décadas, entre 60% e 80% das empresas ficam abaixo dos resultados que elas mesmas projetaram (Kaplan e Norton 2008).

Ademais, o que já se escreveu sobre o assunto não ajuda muito: é tema menos estudado em comparação com outros, como estratégia e operações. Além disso, o que existe é, de forma geral, muito técnico (voltado à área de produção), ou incompleto (apenas anedotas e casos dispersos, que não conseguimos trazer para nossa realidade), ou raso (que proclama a necessidade de uma atitude vencedora, mas não aponta as ações concretas necessárias para vencer), ou de difícil aplicação (faltam ferramentas práticas para utilizar no dia a dia).

Este livro busca suprir essa lacuna, por meio de um método concreto para trazer mais resultados, em menos tempo e com mais satisfação: a pirâmide do fazer acontecer.

Para quem é destinado?

Para você – executivo, empresário ou empreendedor – que quer aumentar na prática sua capacidade de trazer ainda mais resultados, em menos tempo e com mais satisfação.

É válido dizer que, embora o foco da discussão esteja no lado profissional, o método é universal. Você vai achá-lo útil também em outras esferas da sua vida. De fato, várias pessoas que participaram de treinamentos nossos sobre o tema já nos disseram isso.

O que este livro vai fazer por você?

Este livro traz um método de cinco passos para fazer acontecer – simples, completo e de fácil aplicação –, que já foi utilizado em dezenas de empresas e aprovado por milhares de pessoas das mais variadas indústrias, com diferentes tipos e tamanhos de desafios.

Em suma, apontamos por meio de conceitos e ferramentas práticas o que precisa ser feito, por quê, como, em que ordem e que erros evitar. Após ler este livro, você será ainda mais capaz de fazer acontecer de forma estruturada e ao mesmo tempo pragmática.

Como este livro está organizado?

Após uma breve introdução, o livro está dividido em cinco partes – os cinco passos da pirâmide do fazer acontecer, definidos por meio de perguntas:

Passo 1: Onde estamos e aonde queremos chegar?

Passo 2: Por que não estamos lá?

Passo 3: O que fazer?

Passo 4: Estamos fazendo?

Passo 5: Chegamos? Ajustes são necessários?

Para cada passo, os conceitos-chave são definidos, explica-se como aplicar tudo na prática e que erros são comuns e devem ser evitados. Para finalizar, cada capítulo traz ainda questões para você refletir e ideias para exercitar as ferramentas apresentadas.

Após os cinco passos, o livro traz apêndices de grande valia, com 12 princípios para reuniões que fazem acontecer; cinco tipos de apresentação que fazem acontecer; uma autoavaliação para você testar suas forças e oportunidades para fazer acontecer; uma pesquisa sobre o tema com executivos brasileiros; uma sugestão para estruturar um plano em uma página.

Para otimizar a leitura, você pode utilizar o mapa de orientação dos tópicos centrais do método que está no verso da segunda orelha. As páginas ímpares contêm indicadores que apontam o tópico da pirâmide em que você se encontra.

Tenho certeza de que este livro vai ser muito útil para você, como tem sido para as milhares de pessoas que já treinamos.

Boa leitura e faça acontecer!

Ricardo Jucá
São Paulo, janeiro de 2015.

Introdução

▪ Mas o que é fazer acontecer?

Você já parou e se perguntou isso?

Escrever no Google "fazer acontecer" gera mais de 1.000.000 de resultados. Eu poderia apostar que você já ouviu várias vezes frases como "precisamos fazer isso acontecer", ou "aquela pessoa faz acontecer". Mas o que é fazer acontecer, afinal?

Vamos ver... Fazer acontecer está relacionado, antes de mais nada, com resultados. É comumente a primeira coisa que vem à cabeça. Pense num atacante de futebol. O que é fazer acontecer para ele? Fazer gols. Esse é o resultado que se espera dele.

Mas entregar resultados na nossa vida profissional e pessoal não é nada fácil. Barreiras dos mais variados tipos aparecem a toda hora, dificultando tudo. Saber administrar e resolver tais barreiras, portanto, é também fazer acontecer. Já aconteceram algumas vezes casos em que pilotos salvam vidas ao conseguir pousar um avião com sucesso, mesmo sem o trem de pouso. Está aí. Entregou resultado, apesar da barreira.

Muito bem. Temos, então, até agora, que fazer acontecer é "entregar resultados apesar das barreiras". Mas, na maior parte das vezes, fazemos as coisas sozinhos? Em geral, não. Fazemos com outras pessoas. Trabalhamos em equipes. Relacionamo-nos com várias áreas e fornecedores. Perguntamos, discutimos, ouvimos, trocamos pontos de vista, dividimos responsabilidades. Então, há um terceiro componente fundamental em fazer acontecer: pessoas. Quem faz acontecer entrega resultados, apesar das barreiras, com as pessoas, trabalhando da melhor forma com elas, buscando o melhor de cada uma em direção ao resultado esperado.

Agora, queremos atingir resultados "a qualquer custo"? De qualquer maneira? Não deveríamos. São diversos os casos de empresas famosas que pareciam ir muito bem e depois... quebraram. Isso aconteceu muitas vezes porque estavam trabalhando de forma ilegal, porque esconderam informações importantes do governo e dos investidores, e assim por diante. Nunca mais me esqueci de uma coisa que me disseram sobre esse tema: "Jucá, se algum dia você estiver em dúvida se é certo ou não fazer algo, faça o teste do jornal". "Hein?", respondi. É simples. Imagine que o que você quer fazer hoje vá sair na capa do jornal de amanhã. Você estará tranquilo com isso? Caso positivo, então é mais provável que esteja tudo bem. Esse é o quarto e último ponto. Quem faz acontecer trabalha de forma ética. É verdadeiro consigo mesmo, com seu trabalho, com sua palavra e com as pessoas.

Então, temos, afinal, uma definição: fazer acontecer é entregar resultados, apesar das barreiras, com as pessoas, de forma ética.

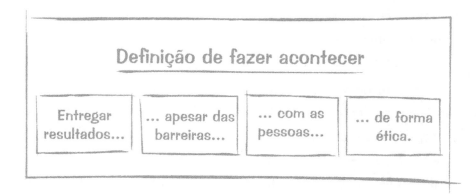

▪ Por que as pessoas e empresas não atingem o que querem?

Definido o que é fazer acontecer, fica a pergunta: as pessoas e as empresas estão fazendo acontecer?

Parece que não como gostariam... Como comentado anteriormente, segundo diversas pesquisas realizadas nas últimas duas décadas, entre 60% e 80% das empresas ficam abaixo dos resultados que elas mesmas projetaram. Isso é muita coisa!

Por que isso acontece?

Para investigar essa pergunta, revirei todos os projetos em que já trabalhei como executivo e consultor em diversas empresas nacionais e multinacionais, conversei sobre o assunto com dezenas de executivos das mais variadas posições e empresas e li tudo o que consegui achar que, de alguma forma, abordava esse tema. Cheguei a quatro grandes razões de não fazermos acontecer. Elas são bem simples. No entanto, é justamente uma delas, ou um conjunto delas, que sempre vai explicar por que não fazemos acontecer. Veja a seguir e compare com suas experiências.

1. **Falta bom planejamento**

    Sim, o "bom e velho" planejamento! Levante a mão quem nunca saiu fazendo algum projeto sem planejá-lo direito antes. Ou quem nunca trabalhou numa área que tinha "10 prioridades". Ou quem nunca se fez perguntas como "por que estamos trabalhando nessa iniciativa mesmo?" ou "quem ficou de fazer essa atividade?". Ou ainda quem não anteviu um risco importante que se materializou e comprometeu os resultados. Isso são sinais de falta de bom planejamento.

    Fato: muitas vezes falta foco para definirmos o que fazer e quem vai fazer.

2. Falta ação sobre o planejamento

Tão, ou mais importante, esse segundo ponto é comumente "esquecido". Legal é fazer um "superplanejamento estratégico"... como executá-lo a gente vê depois! E aí os resultados não vêm. O que fazemos? Outro "planejamento estratégico"! É como se o problema estivesse sempre no planejamento em si e não na execução dele! Nem sempre é verdade! Para o consultor e escritor de negócios Ram Charan, a execução é o maior obstáculo ao sucesso das empresas.

Fato: muitas vezes falta disciplina para concluir o planejado.

3. Faltam controle e ajuste do rumo

Por melhores que sejam um planejamento e sua execução, não há como ter 100% de certeza de que os resultados virão como previsto. Apesar disso, já trabalhei em empresas nas quais simplesmente não se sabe com precisão quais resultados estão sendo entregues e quais não. Ou, o que também é lamentável, até se sabe o que vai mal, mas não se discute o que fazer para melhorar. Como fazer acontecer sem isso?

Fato: muitas vezes falta transparência para avaliar o progresso e corrigir o necessário.

4. Fatores externos, incontroláveis

Por último, há o imponderável, aqueles acontecimentos que são muito difíceis de se levar em conta no planejamento. Um bom exemplo disso são os desastres naturais, como o caso do tsunami, no Japão, em 2011. Além de ter afetado a vida de muitas pessoas – o que é definitivamente a implicação mais importante e triste da história –, também resultou em sérios problemas para diversas empresas.

> **Por que não fazemos acontecer?**
>
> 1. Falta bom planejamento.
>
> 2. Falta ação sobre o planejamento.
>
> 3. Faltam controle e ajuste do rumo.
>
> 4. Fatores externos, incontroláveis.

Os cinco passos para fazer com excelência qualquer coisa

Considerando o que está mais sob o nosso controle, as pessoas e empresas não fazem acontecer, então, porque (1) falta bom planejamento, (2) falta ação sobre o planejamento e (3) faltam controle e ajuste do rumo.

Como resolver isso?

É incrível, mas não há muito material interessante sobre isso. É bastante diferente, por exemplo, do tema "estratégia". Aqui existe uma infinidade de teorias e ferramentas, como as cinco forças de Porter, as competências-chave de Prahalad, o Balance Scorecard de Kaplan, o Oceano Azul de Kim e Mauborgne e por aí vai. Mas como fazer acontecer? Hum... parece faltar uma boa resposta para essa pergunta. O que pude achar apresenta ao menos um dos seguintes quatro problemas:

- **É muito técnico**
São textos específicos, com um olhar mais voltado à área de produção de uma indústria.
- **É incompleto**
É comum vários autores tratarem o tema por meio de anedotas, exemplos ou casos dispersos. Isso pode até ser interessante, mas não ajuda o leitor na prática, por não trazer uma visão sólida e abrangente sobre o que significa fazer acontecer, que permita que adaptemos as ideias à nossa realidade.
- **É raso**
Um clássico. Há livros inteiros sobre como construir "uma atitude vencedora" e ter "garra", por exemplo – sem a discussão de ações concretas para atingir resultados.
- **É de difícil aplicação**
Outros autores inventam métodos complexos que, no papel, parecem funcionar, mas que na prática é impossível trazer para o nosso dia a dia.

Como fazer acontecer, então?

À medida que eu ia pesquisando sobre o tema, conversando com executivos e clientes e revirando a minha experiência profissional, um método foi surgindo. Ele foi sendo desenvolvido aos poucos, até que foi finalizado e chamado de "a pirâmide do fazer acontecer".

O material se tornou um treinamento que já foi facilitado para dezenas de empresas e milhares de pessoas das mais variadas indústrias em meu trabalho como facilitador. Sua lógica foi aplicada e testada na prática nos mais variados tipos e tamanhos de desafios, aperfeiçoada a cada nova troca de experiências. A resposta que sempre recebemos das organizações é fantástica: "Finalmente, um método que define e explica como fazer acontecer de A a Z" é o tipo de *feedback* que mais recebemos! "Jucá, você não vai escrever um livro sobre isso?"

Bom, aí está! É isso que eu gostaria de dividir com você. A pirâmide do fazer acontecer é um modelo simples, completo e de fácil aplicação para você fazer acontecer, ou seja, para entregar resultados, apesar das barreiras, com as pessoas, de forma ética.

Em poucas palavras, como é esse modelo?

Ele tem cinco passos, definidos por meio de perguntas, conforme a seguir:

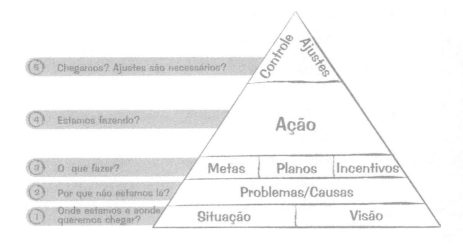

Vamos aqui explicá-los de forma bem breve e simplificada, apenas para você ter uma visão geral – todo o restante do livro é dedicado a explicar, para cada passo, os conceitos-chave, o como fazer na prática e os erros comuns.

Peço a você um favor: pense numa situação que você está enfrentando atualmente, que precise ser melhorada. Vá pensando nela à medida que analisa os passos a seguir. Veja se há sentido.

O passo 1 para fazer acontecer é responder às seguintes perguntas: onde estamos e aonde queremos chegar? Veja, não é já sair "fazendo planos", afobado. É, primeiramente, entender melhor a **situação** que você está enfrentando, a realidade atual. O que está acontecendo? Onde? Com que frequência? Há quanto tempo? Entendido isso, você pode agora pensar numa **visão**: muito bem, isso é o que *está* acontecendo hoje – o que eu *desejaria* que estivesse acontecendo? Em outras palavras, qual a sua intenção no tema em questão?

O passo 2 é atacar a seguinte pergunta: por que não estamos lá? Mais uma vez, é comum termos a tendência de já querer fazer planos ou "pôr a mão na massa". Mas a forma mais efetiva de trabalhar agora é descobrir os **problemas e causas** de você estar na situação atual, e não na sua visão. O que está causando isso?

Veja que, com os passos 1 e 2, você já tem bem claro onde está, aonde quer chegar e os porquês de estar na situação e não na visão. Agora sim é hora de responder à pergunta do passo 3: o que fazer? Isso passa por definir quais são as **metas**, os **planos** e os **incentivos** necessários para resolver os problemas e caminhar em direção à visão.

Note que os passos 1, 2 e 3 nada mais são do que os componentes de um bom planejamento! Trata-se de um planejamento que define de forma bem clara o que fazer e quem vai fazer.

O passo 4 é uma pergunta bem simples, mas ao mesmo tempo poderosa: estamos fazendo? Como dito anteriormente, de nada adianta um excelente planejamento se ele só fica no papel, não é mesmo? Então, esse passo é crítico. Ele é sobre **ação**, sobre a disciplina necessária para concluir o planejado, para executar o que desenhamos.

Finalmente, o passo 5: chegamos? Ajustes são necessários? Se o fazer acontecer envolve entregar resultados, temos que periodicamente **controlar** se estamos mesmo chegando aos resultados propostos. E, tão importante quanto isso, caso não estejamos chegando, é definir que **ajustes** devem ser feitos para que os resultados, de fato, venham. Como disse Einstein, não há nada que seja maior evidência de insanidade do que fazer a mesma coisa e esperar resultados diferentes. Essa é a essência do passo 5.

Então, veja, o modelo é simples, e a ideia é que ele seja mesmo – do contrário, não vamos usar no nosso dia a dia.

Você define onde está e aonde quer chegar (passo 1), entende que problemas/causas estão impedindo você de estar onde gostaria (passo 2), define o que fazer por meio de metas, planos e incentivos (passo 3), garante que o planejamento está sendo executado (passo 4) e checa se os resultados vieram, ajustando o rumo se necessário (passo 5).

A dificuldade está em realizar esses passos de forma efetiva, evitando erros muito comuns que todos cometemos. Esse é o nosso foco daqui por diante.

PASSO 1:
Onde estamos e aonde queremos chegar?

GUIA DA PIRÂMIDE DO FAZER ACONTECER
Ações-chave de cada passo

- **PASSO 1: ONDE ESTAMOS E AONDE QUEREMOS CHEGAR?**
  - Situação
    - Definir situação (realidade indesejada para resolver ou melhorar) em uma frase.
    - Detalhar as quatro dimensões da situação (tamanho, localização, frequência, duração).
  - Visão
    - Criar uma visão em uma frase (audaciosa, desejável e clara/comunicável).

- PASSO 2: POR QUE NÃO ESTAMOS LÁ?

- PASSO 3: O QUE FAZER?

- PASSO 4: ESTAMOS FAZENDO?

- PASSO 5: CHEGAMOS? AJUSTES SÃO NECESSÁRIOS?

Situação:
PRIMEIRO DEFINA BEM ONDE VOCÊ ESTÁ

Flávio sempre foi um excelente supervisor de vendas. Trabalhava havia 22 anos na mesma empresa e, mais que isso, sempre no mesmo setor de vendas. Conhecia todos os clientes, as rotas, as lojas, os vendedores, tinha tudo na palma de sua mão. A concorrência ali não era tão forte, de forma que raramente tinha problemas para atingir as metas. As vendas do seu time cresciam ano a ano consistentemente.

Agora era diferente.

Enquanto tomava um café e olhava pela janela do seu novo escritório de vendas, lembrava-se do que tinha acontecido. Duas semanas atrás, seu superior o chamou para uma conversa. Estavam precisando da ajuda dele em outro setor de vendas. Foi tudo muito rápido. Tudo que ouviu foi que "lá as vendas estão caindo". Ouviu também que isso precisava ser resolvido "para ontem". Sentiu uma enorme pressão do chefe por resultados imediatos.

Hoje era seu primeiro dia no novo setor. Simplesmente não sabia por onde começar. O que fazer primeiro? – ficou se perguntando, enquanto terminava seu café.

> *Determine que a coisa precisa e vai ser feita,
> e então acharemos um caminho.*
> Abraham Lincoln

Talvez você já tenha enfrentado momentos como o descrito – você tem uma situação para resolver pela frente (no caso, "vendas estão caindo") e não está bem certo do primeiro passo a ser dado. Uma boa forma de começar é, antes de tudo, entender melhor a situação que você está enfrentando.

Conceito e importância

Qual é, exatamente, a realidade indesejada? Esse é o conceito de situação. Existem duas situações básicas:

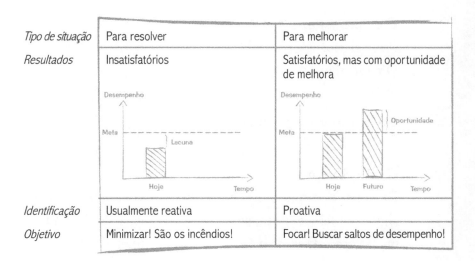

Na situação para resolver, os resultados atuais estão insatisfatórios. Trata-se de uma realidade indesejada *negativa*, pois não estão sendo entregues os resultados esperados. Situações dessa natureza usualmente "aparecem", e temos que buscar resolvê-las rapidamente. Devemos sempre buscar minimizar situações desse tipo. O nosso vendedor da história inicial do capítulo ("vendas caindo") está enfrentando uma situação assim.

Já numa situação para melhorar, os resultados estão satisfatórios, mas há oportunidades de torná-los ainda melhores. Trata-se de uma realidade indesejada *positiva*: busca-se elevar ainda mais o desempenho presente, que já é de acordo com as expectativas atuais. Esse tipo de situação é criada proativamente, e é nela que se deveria investir a maior parte do nosso tempo – o que usualmente não acontece. Aplicar os passos da pirâmide resolve isso.

O entendimento da situação é crítico para conseguirmos entregar resultados, pelo menos por três razões:

1. Conhecimento.
2. Priorização.
3. Diagnóstico.

Vejamos os três pontos brevemente.

1. Conhecimento

Em primeiro lugar, pense em quando você quer chegar a algum endereço. Bem, como você vai chegar lá depende de onde você estiver, não é mesmo? A mesma coisa se aplica a situações que você esteja enfrentando: você quer resolvê-las, ou chegar a um novo patamar de resultados, mas para isso precisa primeiro entender onde você está. Não há como ir de A para B se você não sabe onde é A! Você primeiro precisa entender bem o que está acontecendo no momento. Não resolvemos nem melhoramos algo que não conheçamos!

> **Não há** como resolver ou melhorar algo que você não **CONHEÇA!**

2. Priorização

Em segundo lugar, entender bem a situação vai resultar em uma avaliação mais clara do tamanho e da urgência dessa situação. Talvez já tenha acontecido com você: alguém chega dizendo que tem "um problemão, urgente, gigante" e, ao conversar, você vê que não é nada disso, pelo contrário, é algo simples, pequeno. Há o inverso também: você começa a conversar com um colega sobre um projeto que têm em comum e que parecia ir bem, nada que merecesse grande atenção, e aí ambos começam a descobrir que não é bem assim, que "a coisa está preta" e várias atividades estão atrasadas (outro dia, em um treinamento, alguém disse sobre esse caso: "É quando você puxa um pelo e vem um urso!").

Note que, se você atua sabendo a real dimensão da questão enfrentada, então, consegue priorizar bem o seu trabalho. Se você não faz isso, trata todos os temas a serem resolvidos com igual importância – e sabemos que essa não é a realidade.

3. Diagnóstico

Finalmente, definir bem a situação ajuda muito quando você for diagnosticar os problemas/causas, no passo 2 da pirâmide. Retomaremos esse ponto quando discutirmos esse passo.

Como fazer na prática

Etapa 1: Definir situação em uma frase

Você pode enfrentar as mais variadas situações que precisam ser resolvidas ou melhoradas. Para entender bem a situação, primeiro tente defini-la de forma muito resumida, preferencialmente em uma frase. Vejamos alguns exemplos ilustrativos a seguir:

- "Estou atrasando a entrega do meu relatório mensal" – Uma situação possível de um determinado executivo.
- "Minha equipe não está conseguindo manter os custos dos projetos pelos quais somos responsáveis" – Outro exemplo, mas aqui a situação indesejada se aplica a uma equipe inteira.
- "A área de inteligência de mercado está subutilizada" – Aqui, temos um exemplo de uma situação enfrentada por uma área de uma empresa cujos membros acham que sua capacidade está sendo subutilizada pelas demais áreas da empresa.
- "Entregas feitas com atraso aos consumidores" – Essa é uma situação que se refere à cadeia de valor da empresa.
- "Competidores estão inovando mais que nós" – Opa! Nesse caso, temos uma situação indesejada que se refere à capacidade da empresa de inovar. Várias áreas envolvidas aqui também.
- "Nosso nível de *turnover* está muito alto" – Nesse exemplo, o tema enfrentado é a rotatividade de funcionários, que se julga muito alta. Novamente, várias áreas e pessoas podem estar envolvidas.
- "Podemos tornar nosso portfólio de produtos ainda mais completo" – Aqui, julga-se que o portfólio atual já é forte,

mas há oportunidades de complementá-lo, tornando-o ainda mais completo.
- "Leva-se muito tempo para tomar decisões" – Um clássico, não? Quem nunca achou isso em nenhuma empresa que trabalhou que atire a primeira pedra!

Note que a situação indesejada pode ser realmente qualquer coisa, podendo envolver desde apenas um indivíduo até várias pessoas, equipes, áreas ou mesmo a empresa toda.

Essa definição da situação, curta e precisa, ajuda muito no dia a dia. Agora você pode conversar com qualquer pessoa e rapidamente dizer a ela o que quer resolver. É bem diferente do diálogo a seguir.

– Chefe, precisamos resolver aquele tema dos consumidores.
– Que tema?
– Que eles estão reclamando.
– Do quê?
– Dos produtos.
– O que eles estão reclamando dos produtos?
– De atrasos na entrega.
– Bom, então, temos uma situação de entregas feitas com atraso aos consumidores?
– Isso, era isso que eu queria dizer.

Etapa 2: Detalhar as quatro dimensões da situação

Definida a situação, o próximo passo é detalhá-la por meio de quatros dimensões-chave:

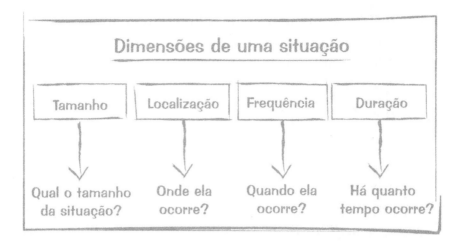

Vejamos cada uma dessas dimensões mais em detalhe.

1. Tamanho

Veja que qualquer situação indesejada tem um tamanho e, portanto, uma certa relevância. No exemplo do atraso nas entregas aos consumidores, qual o atraso médio? E o atraso máximo? Estamos falando de um dia? Quinze dias? Um mês? Você concorda que, se o atraso é de um dia, embora ele esteja ali e precise ser resolvido, a situação é provavelmente menos problemática que um atraso de 30 dias? Então, comece entendendo o tamanho da situação. Como dito anteriormente, isso vai guiar você no nível de foco que você e a organização devem dar para resolvê-la.

Ainda falando de tamanho: tão importante quanto dimensionar o tamanho da *situação em si* é tentar quantificar o seu *impacto* no negócio. Especialmente se você tem uma situação indesejada que quer resolver, mas precisa de alocação de recursos da empresa para isso (ou seja, pessoas para trabalhar na situação e/ou dinheiro para investir na solução), você precisa ser capaz de mostrar que o impacto da situação indesejada é relevante. No nosso exemplo, você poderia avaliar os eventuais custos decorrentes de multas pelos atrasos, estimar uma perda de imagem da empresa com base no número de reclamações recebidas etc.

Por último, quando precisar enfatizar ainda mais a importância de se resolver a situação, trabalhe com o tamanho da situação em si e do impacto dela *hoje* e também no *futuro*. Em outras palavras, mostre para as pessoas que a situação atual é ruim e que pode potencialmente piorar se nada for feito. No nosso exemplo, hipoteticamente, você poderia mostrar que o atraso médio de hoje é de "X dias", mas que, se nada for feito, ele poderá aumentar em Y% em épocas críticas para a empresa, como o Natal, impactando seriamente a receita da empresa.

Esquematicamente, temos, então, de entender que o tamanho de uma situação indesejada envolve os seguintes aspectos:

Elemento	Hoje	No futuro
Tamanho da situação em si	Qual o tamanho atual da situação indesejada?	Se nada for feito, o que acontecerá com o tamanho da situação?
Tamanho do impacto do negócio	Qual o impacto dela no negócio?	Qual o potencial impacto futuro disso?

Em suma, entender o tamanho da situação em si e seu impacto no negócio, tanto hoje como no futuro, vai ajudar você e a empresa a darem o foco e os recursos necessários para a solução da situação, ao fazer bem três coisas:

1) Criar relevância "Isso é importante."	2) Criar necessidade de ação "Precisamos fazer algo."	3) Criar urgência "E precisa ser agora!"
As pessoas precisam entender que a situação indesejada em questão é relevante. --- Exemplo: Estamos com três pessoas a menos no projeto X, o que está afetando nossa capacidade de entregá-lo.	Pode parecer estranho, mas ainda que as pessoas concordem que a situação é relevante, elas podem optar por não fazer nada a esse respeito. Ajude-as a entender que algo precisa ser feito, dimensionando o impacto da situação no negócio. --- Exemplo: Se não repusermos as três pessoas, o projeto vai atrasar em seis meses, e não conseguiremos bater as metas de negócio da empresa neste ano.	E, para piorar, as pessoas podem concordar que algo precisa ser feito, mas podem demorar para aprovar exatamente o quê. Sinalize que isso traz consequências negativas sérias. --- Exemplo: O processo de contratação usualmente leva algum tempo. Se não aprovarmos nos próximos três dias as novas vagas, não haverá mais tempo hábil para restabelecer os prazos iniciais do projeto.

2. Localização

Definido bem o tamanho, é hora de entender o segundo aspecto-chave: a localização. Aqui, a ideia é investigar se a situação atual está acontecendo somente, ou de forma mais evidente, em alguma localização específica. Atenção! Localização não se refere apenas à geografia – como a "situação acontece na região X, ou na cidade Y". Seu objetivo aqui é entender *onde* a situação está ocorrendo de forma mais ampla. Isso pode envolver, é claro, questões geográficas, mas possivelmente outras também, a depender da situação. Exemplos: a situação pode estar ocorrendo em determinados produtos, áreas da empresa, clientes, equipes, canais de vendas, linhas de produção, e assim por diante.

A localização de uma situação é aspecto importante, pois, na maioria dos casos, uma situação tem uma localização específica. Voltemos ao exemplo que estamos discutindo: os atrasos acontecem em regiões específicas? De repente, você pode descobrir que os atrasos estão concentrados nos envios para a região Sul, ou em algum tipo de produto específico. Se você tem esse entendimento logo no começo, fica mais fácil achar qual é o problema depois que explica os atrasos (passo 2). Em vez de analisar todos os envios, você pode concentrar sua análise nos envios feitos para a região Sul.

Vejamos um outro exemplo anterior: "Nosso nível de *turnover* está muito alto". Ao investigar a localização disso, alguém pode descobrir que o *turnover* está concentrado, por exemplo, na área fabril. Então, veja que agora o foco vai todo para essa área; você pode concentrar seus esforços nela. Agora, se a localização não estivesse bem-definida, a situação poderia ser vista até mesmo como um tema para "toda a empresa", investindo-se recursos desnecessários para entendê-la e resolvê-la!

Então, note que o primeiro aspecto-chave de uma situação (tamanho) é uma pergunta de "quanto" – qual a magnitude da situação em si e do seu impacto no negócio, hoje e no futuro? A resposta a essa pergunta indica a urgência da situação. Já o segundo aspecto (localização) é uma pergunta de "onde" – onde essa situação está acontecendo? A resposta aqui nos indica para onde olhar.

3. Frequência

E a frequência? Como o nome diz, aqui a ideia é entender com que frequência a situação aparece. No caso em discussão, buscaríamos saber com que frequência os atrasos estão ocorrendo – todo dia? Toda semana? Mensalmente? Em algum momento específico do mês? Ou seja, a frequência é uma pergunta de "quando" determinada situação ocorre.

4. Duração

Por último, temos a duração. Nesse ponto, seu objetivo é descobrir há quanto tempo a situação está presente. No caso dos atrasos: há quanto tempo estamos atrasando as entregas? Isso começou na semana passada, ou vem se arrastando faz meses? Novamente, se é uma situação recente ou antiga, o nível de foco que você vai dar é, provavelmente, diferente.

Como conseguir todas essas informações? Usualmente, as respostas estão "dentro de casa". Por meio de análises cuidadosas das informações disponíveis e das conversas com as pessoas envolvidas, conseguimos os números que respondem aos quatro pontos. Em alguns casos, pode ser necessária uma pesquisa externa. Exemplo: se quero entender minha situação de percepção de marca *versus* a concorrência, vou ter de, nesse caso, buscar por meio de uma pesquisa com consumidores.

Vamos ver mais um exemplo? Trata-se de um caso real. Expliquei para um grupo de gerentes de uma grande empresa de consumo a pirâmide do fazer acontecer, e, meses depois, encontrei uma das gerentes de RH, que participara do treinamento, e que me contou esse caso.

Um gerente de uma unidade fabril ligou para ela e disse, desesperado: "Nosso nível de *turnover* está muito alto. Precisamos fazer alguma coisa ontem!". Ela, de forma interessada e calma, foi perguntando: "Mas qual o tamanho da rotatividade? Você sabe se ela está mesmo mais alta que a de outras fábricas? Atingiu um patamar nunca visto? [perguntas de tamanho]. Está acontecendo em algum cargo específico? Ou em alguma linha de produção específica? Mais homens ou mais mulheres? [perguntas de localização]. As pessoas estão saindo com alguma frequência específica, como, por exemplo, depois da avaliação de *performance* trimestral? [pergunta de frequência]. Há quanto tempo a rotatividade tem sido 'alta'? [pergunta de duração]".

Nem preciso dizer, a pessoa que estava alardeando que tinha um problemão não tinha a resposta para metade dessas perguntas.

Concordaram, então, em buscar as respostas nos próximos dias, antes de qualquer coisa. Viu-se que, na verdade, o problema de rotatividade não era grave como se pensou, o que os fez trabalharem com o devido foco no tema. Ah, e, com o tempo, as pessoas passaram a estar mais preparadas para as discussões sobre situações indesejadas.

* * *

E o nosso supervisor de vendas do início do capítulo? O que ele deve, então, fazer primeiro? Agora você já sabe: antes de mais nada, definir a situação e seu tamanho, localização, frequência e duração. No caso dele, a situação foi dada pelo chefe: "As vendas estão caindo". Ele precisa, então, em primeiro lugar, descobrir o quanto as vendas estão caindo e em comparação a que período: estamos falando de uma queda de quanto? 5% *versus* o mesmo período do ano passado? 10%? 50%? Qual o impacto disso para o negócio da empresa? Depois disso, ele pode ver a localização dessa queda, detectando as vendas por vendedor, por produto, por cliente, por canal, por geografia. Em seguida, pode ver a frequência, investigando, por exemplo, se as vendas caem em algum momento específico do mês. Finalmente, pode ver a duração: há quanto tempo as vendas vêm caindo? Quando esses pontos forem respondidos, ele vai ter bem mais clara em sua mente a situação enfrentada.

Então, agora você já sabe: antes de qualquer coisa, defina a situação e seu tamanho, localização, frequência e duração.

	Quadro-resumo: Situação
Definição	Situação é uma realidade indesejada. Pode ser de dois tipos: • **Situação para resolver.** Realidade indesejada negativa – não estão sendo entregues os resultados esperados. • **Situação para melhorar.** Realidade indesejada positiva – busca-se elevar ainda mais o desempenho atual.
Importância	• **Conhecimento.** Para resolver uma situação indesejada, você precisa primeiro conhecê-la bem. • **Priorização.** Para poder priorizar nosso trabalho. • **Diagnóstico.** Para iniciar o entendimento do porquê de a realidade indesejada existir.

Como fazer	• Definir a situação em uma frase.
	• Detalhar as quatro dimensões da situação:
	  • **Tamanho:** Qual a magnitude da situação em si e do seu impacto no negócio, hoje e no futuro?
	  • **Localização:** Onde essa situação está acontecendo?
	  • **Frequência:** Quando essa situação ocorre?
	  • **Duração:** Há quanto tempo a situação está ocorrendo?

Erros comuns

Onde erramos na definição da situação? Existem três erros muito comuns:

- **Não definir a situação**
  O erro mais comum na definição da situação é... não definir a situação! É isso mesmo. O mais usual é "pularmos" essa etapa e já começarmos a discutir pontos que vêm depois, como problemas/causas ou planos. Cuidado para não fazer isso! Não ache que é "perda de tempo". Uma boa definição da situação em geral não requer tanto esforço e determina um bom início para fazer acontecer.
- **Não dimensionar corretamente o tamanho da situação**
  Dissemos anteriormente: o tamanho da situação guia o esforço necessário para resolvê-la. Então, não basta simplesmente definir a situação – "estamos com problemas de qualidade nos dados pesquisados" –, devemos também estimar o tamanho da situação – "essa situação se aplica a 30% dos dados coletados".
- **Não explorar a localização da situação**
  Isso pode dar um pouco mais de trabalho, mas ajuda demais. Especialmente quando estamos tratando de situações em âmbito nacional, quase sempre é certíssima a famosa expressão "a média é burra". Um exemplo simples e muito comum: você tem uma situação em que sua participação de mercado é 5 pontos porcentuais menor que a do principal competidor no Brasil. Quase sempre (para não dizer sempre!)

essa diferença vai ser bem diferente por região do Brasil. Você pode ter até regiões em que você é líder, e outras em que a diferença é bem maior que 5 pontos. Analise onde estão as diferenças e vai conseguir mais facilmente entender o que está por trás delas e, depois, resolvê-las!

■ **Para você refletir**

Como fazer que as pessoas com quem trabalhamos entendam a importância de definir bem a situação?

_____
_____
_____
_____
_____

Por que o entendimento da localização de uma situação pode ajudar você a resolvê-la? Procure exemplos seus do passado que ilustrem a sua resposta.

_____
_____
_____
_____
_____

Para você exercitar

Pense em dois temas em que você esteja trabalhando hoje e que precisam ser melhorados. Defina a situação de cada um e os respectivos quatro aspectos-chave.

_____
_____
_____
_____
_____

Imagine que você seja o gerente de *marketing* de uma marca de alimentos. O gerente nacional de vendas diz que está enfrentando a seguinte situação: os preços da concorrência estão mais competitivos. O que você buscaria investigar para entender melhor essa situação? Como você faria isso?

_____
_____
_____
_____
_____

Visão:
PENSANDO GRANDE — O PODER DE DEFINIR BEM O QUE É SUCESSO

No começo da década de 1980, a Apple estava procurando um novo CEO. Steve Jobs, um dos fundadores, era jovem, e também acreditava que poderia fazer sentido trazer para o barco uma pessoa do mercado, com bastante experiência.

Identificaram um candidato em quem ficaram muito interessados, chamado John Sculley, então presidente da Pepsi.

Foram diversas conversas com Sculley para atraí-lo para a Apple, mas nada parecia de fato convencê-lo. Ele tinha uma posição consolidada e atrativa na Pepsi — então, para que arriscar?

Foi somente quando Jobs disse o seguinte que, segundo o próprio Sculley, ele pensou melhor e aceitou a proposta: "Você quer passar o resto da vida vendendo água adoçada, ou quer uma chance de mudar o mundo?".

> *Sem uma boa visão, um plano raramente consegue inspirar o tipo de ação necessária para produzir uma grande mudança.*
> John Kotter (Harvard)

Remuneração competitiva, desenvolver novos produtos, trabalhar numa indústria diferente... nada parecia convencer John Sculley.

Mas quando Jobs apresentou uma visão do que poderia ser o trabalho dele... uma "chance de mudar o mundo"...

Conceito e importância

Se a situação é a realidade indesejada, que você primeiro precisa entender bem (tamanho, localização, frequência e duração), a visão é *aonde se quer chegar*, o que gostaríamos que estivesse acontecendo, qual a nossa intenção em relação à situação.

E vale um alerta! Visão, da forma como estamos trabalhando aqui, aplica-se a *qualquer* situação indesejada, não importando seu tamanho, origem ou número de pessoas envolvidas. Ou seja, *não estamos nos referindo ao tradicional conceito de visão corporativa*, a qual indica o que a *empresa* gostaria de se tornar. Um exemplo é o da rede de hotéis Ritz-Carlton: "Ser o líder mundial em prover viagens, produtos e serviços de hospitalidade de luxo". No nosso caso, o conceito de visão é aplicável a *qualquer situação indesejada* que você queira resolver, conforme discutido e exemplificado no capítulo anterior.

Mas... por que uma visão é importante?

É importante porque uma visão bem-definida funciona como um *gatilho para a mudança*, gerando senso de urgência e mobilizando a ação – pois sabemos aonde queremos chegar, e "estar lá" (ou seja, chegar à visão) parece muito melhor para todos os envolvidos do que ficar na situação em que se está.

> **A visão** funciona como um **GATILHO** para a mudança, gerando senso de urgência e mobilizando a ação.

Um primeiro exemplo: relembremos a situação indesejada hipotética "leva-se muito tempo para tomar decisões". Uma possível visão para essa situação seria "um processo decisório efetivo e curto". Temos aí a definição de onde estamos (situação indesejada) e aonde queremos chegar (visão).

Uma pergunta que frequentemente me fazem em treinamentos que facilito é a seguinte: precisamos mesmo de uma visão para cada situação indesejada que enfrentamos?

Bom, quais são as alternativas, caso não se queira definir uma visão? São essencialmente duas:

- **Já partir para o diagnóstico**
  Uma alternativa é, dada a situação, já partir para entender os problemas/causas (passo 2 da pirâmide). Nesse caso, você vai ter pessoas trabalhando para entender problemas de uma situação, mas sem clareza do porquê, de aonde se quer chegar com isso, pois falta uma visão, um norte. Você talvez já tenha participado de alguma reunião em que, depois de muita discussão, alguém pergunta: mas por que mesmo estamos falando disso? É um sintoma claro de falta de uma visão!

- **Já fazer planos**

    Outra alternativa, pior ainda, é partir logo da situação indesejada para o desenvolvimento de planos (passo 3 da pirâmide). Nesse caso, além de não estar claro aonde se quer chegar, não se sabe quais são os problemas/causas da situação. Trata-se de um erro clássico que cometemos, sobre o qual falaremos muito no passo 3.

Então, sim. Vale a pena definir sempre uma visão para a situação indesejada!

Vamos ver mais um exemplo? Outra situação apontada anteriormente: "Nossos competidores estão inovando mais que nós". Imagine que o detalhamento dessa situação tenha sido feito.

Você poderia tentar agora entender por que isso está acontecendo (passo 2), ou já discutir ideias de como resolver isso (passo 3).

Ou você primeiro poderia criar, com as pessoas envolvidas nessa situação, uma visão. Uma alternativa possível, apenas para ilustrar, seria "ser a empresa mais inovadora da nossa indústria".

Opa! Veja a diferença. Agora, antes de sair discutindo causas ou planos, sabemos aonde queremos chegar. Há um norte inspirador articulado para a situação. Isso, como disse John Kotter, importante acadêmico de Harvard, tem a capacidade de inspirar o tipo de ação necessária para produzir uma grande mudança.

Você pode estar pensando: mas espere aí, uma visão colocada dessa forma não é muito vaga? Não se preocupe: essa representação de aonde você quer chegar deve e vai posteriormente ser "aterrissada" em metas (passo 3), que funcionam como instrumentos de medida confiáveis para checar o quanto de progresso se fez em direção à visão. Mas não agora!

> A visão **não é uma meta**. Não é hora nesse momento de avaliar se ela é "viável". Pense **GRANDE!**

Não comece já aqui a discutir números, prazos, indicadores... Você, assim, provavelmente vai tornar a discussão "menor", pois é comum as pessoas rapidamente entrarem no papel de se defender de metas "difíceis"; a empolgação de fazer algo grande, então, se transforma logo em preocupação sobre a capacidade de conseguir fazer algo. E isso leva comumente a pensar pequeno.

Sabe-se que muitas coisas que o Steve Jobs desejava criar não eram "possíveis" tecnicamente no momento em que foram pensadas.

Como fazer na prática

As características de uma boa visão

Talvez não haja um "caminho", etapas específicas para se desenvolver uma visão. O que, sim, existe são algumas *características* de boas visões que valem ser discutidas. Elas são, em essência, três:

1) Audaciosa	Uma visão precisa ser audaciosa. Pense grande mesmo. Deve ser algo que motive as pessoas a fazer algo "bacana", que vai trazer resultados importantes para a empresa. Idealmente, é algo que as pessoas sintam orgulho de dizer "eu fiz parte do time que (insira sua visão aqui!)".
2) Desejável	Óbvio, mas não podemos esquecê-la. Uma representação do futuro desejável exerce forte apelo nas pessoas, pelo potencial de transformação de todos os envolvidos. Uma visão importante da Tata, na Índia, foi a de criar "o carro mais barato do mundo". Nesse país, a maioria das pessoas usa motos para se locomover, tradicionalmente mais perigosas, o que é potencializado pelo trânsito comumente caótico de lá. Ao aumentar a proporção da população capaz de adquirir um carro, a empresa estaria não só fazendo mais dinheiro, mas também salvando vidas.
3) Clara e comunicável	Sua visão não pode ser um documento de 10 páginas. Nem pode ser uma apresentação de Powerpoint de 30 *slides*! Sua visão idealmente deve ser uma frase curta, de palavras concretas.

Importante: você deve estar lembrado do ponto feito sobre a relevância de dimensionar o tamanho da situação indesejada em si e do impacto dela no negócio. Aqui, na visão, temos uma lógica análoga – ao comunicar a sua visão, mostre também os impactos positivos que ela vai trazer para as pessoas e para o negócio! Em outras palavras, dê alma, cor, vida para a sua visão. Como vai ser quando a visão for alcançada? O que vai mudar para melhor? O que todos têm a ganhar com isso? Você pode comunicar isso com palavras, ou mesmo com imagens. Ajudando as pessoas a visualizarem o impacto, a "vivenciarem" a visão, provavelmente você terá um maior comprometimento delas.

Vamos ver um exemplo dessa terceira característica, fora do mundo corporativo, e muito comum na vida das pessoas? Aquele famoso pensamento que começa toda segunda-feira?

Sim, adivinhou: emagrecer!

Você poderia trabalhar com uma visão muito simples e concreta, como "ficar magro". Lembre-se: nada de números aqui ainda – você aterrissaria essa visão em uma meta (perder, por exemplo, 13 kg em 6 meses) posteriormente, no passo 3. Você, porém, provavelmente aumentaria o seu próprio comprometimento com essa visão se conseguisse verbalizar e visualizar o *impacto* que "ficar magro" poderia trazer. Exemplos: passar a usar aquela roupa que não serve mais; correr mais no jogo de futebol às terças; sentir-se mais à vontade na praia, e assim por diante. Faça o teste, visualize você mesmo fazendo essas coisas bacanas. A tendência natural é que essa visão se torne de fato sua, algo com que você vai se comprometer mais fortemente.

Essa mesma lógica se aplica a visões no nosso trabalho. Mostre os impactos positivos da visão, e as pessoas vão se apropriar dela.

Quanto investir no desenvolvimento de uma visão?

Um último ponto sobre como elaborar uma visão: enfatizamos antes que, idealmente, você deveria sempre ter uma visão para uma situação indesejada. Mas, vale registrar, é claro que o esforço que você vai dedicar e a dificuldade que você vai ter para criar essa visão dependerá da complexidade da situação em si.

Nesse sentido, se estamos lidando com uma situação indesejada relativamente simples, mais pontual mesmo, você não vai juntar 12 pessoas em um *offsite* em hotel a fim de discutir a visão para tal situação! Um exemplo ilustrativo: os computadores da equipe de vendas não estão funcionando bem, o que está prejudicando o trabalho. Não precisa pensar muito aqui para chegar a uma visão, certo?

No entanto, se estamos tratando de situação bem complexa, com múltiplas perspectivas possíveis e caminhos factíveis para endereçá-la... bem, aí não só a importância da visão aumenta, como também o trabalho para defini-la e alinhá-la com todos os envolvidos.

Por exemplo, as vendas de uma marca X estão caindo, assim como as vendas da categoria a que ela pertence vêm diminuindo ao longo dos anos. E aí, qual poderia ser uma visão para essa situação? Puxa, há algumas alternativas! As pessoas poderiam definir como visão algo na linha de "recuperar as vendas perdidas", ou até mesmo "virar líder de mercado" (o que é bem diferente!). Ou poderiam seguir uma direção completamente oposta, considerando que a categoria está perdendo importância, definindo como visão algo na direção de "maximizar os lucros enquanto descontinuamos a marca". Veja que, nesse caso, é provável que o esforço dedicado e as dificuldades enfrentadas para se chegar a uma visão audaciosa, desejável e clara/comunicável serão muito maiores.

* * *

"Você quer passar o resto da vida vendendo água adoçada, ou quer uma chance de mudar o mundo?"

Qual a visão para a situação indesejada enfrentada? Aonde você quer chegar?

Provavelmente você já ouviu a história do pedreiro que, muito empolgado, dizia: "Não estou batendo pedra, estou construindo uma catedral". Enquanto isso, o outro dizia: "Venho aqui, e bato pedra das 9 às 6, depois vou embora". Essa história continua aí, sendo disseminada, porque é um exemplo simples da importância da visão, de saber aonde você quer chegar e do impacto positivo que isso tem nas pessoas.

Qual a sua catedral?

	Quadro-resumo: Visão
Definição	Aonde se quer chegar – a nossa intenção em relação à situação.
Importância	Gatilho para mudança, gerando senso de urgência e mobilizando a ação para realizar algo significativo.
Como fazer	Crie uma visão com três características: • audaciosa; • desejável; • clara e comunicável.

Erros comuns

Onde erramos na definição na hora de trabalharmos uma visão? Os erros que usualmente acontecem são os seguintes.

- **Não definir a visão**
  Da mesma forma que um erro comum na situação é não definir bem a situação, o mesmo acontece para a visão. Aqui, também, o erro mais comum é simplesmente "pularmos" essa etapa e partirmos para pontos que vêm depois, como problemas/causas ou planos. No entanto, como vimos, a visão tem um papel fundamental de ser o norte inspirador, o gatilho para a mudança. Então, não pense que é "perda de tempo" definir uma boa visão. Dedique o tempo necessário a isso!
- **Definir uma visão pequena**
  Falamos antes: não confunda visão com meta, nem com planos. A visão é apenas uma representação de aonde você quer chegar – não tem indicadores, prazos etc., nem especifica como você vai chegar lá. Ao trabalhar numa visão, não é hora de pensar – ainda – em perguntas como "conseguiremos atingir essa visão?", ou "como vamos medir isso?", ou "que planos precisaremos?", ou "quanto isso vai custar?". São, sim, questões importantes, mas que devem ser endereçadas *depois*. Dessa forma, não se colocam "freios" nas pessoas nesse momento, o que provavelmente tornaria a visão pouco audaciosa.
- **Não comunicar a visão consistentemente**
  O trabalho não acaba com a definição da visão. É papel do líder constantemente lembrar as pessoas de tal visão, reforçar

os benefícios de se chegar lá, constantemente engajando as pessoas na direção da visão. Do contrário, ela se torna apenas uma frase que alguém escreveu no passado e ninguém lembra ao certo como era e por que era importante.

■ **Para você refletir**

Você já trabalhou em algum projeto que tinha uma visão clara de aonde se queria chegar? Qual era essa visão? Como você acha que ela influenciou os envolvidos no projeto?

_____
_____
_____
_____

Foram sugeridas três características importantes de uma visão. Na sua opinião, qual a mais importante? Por quê?

_____
_____
_____
_____

No seu trabalho, qual o erro mais comumente cometido no que diz respeito às visões: não ter uma visão, ter uma visão pequena ou não comunicar a visão consistentemente?

_____
_____
_____
_____

Para você exercitar

Pense em duas situações de trabalho em que você está envolvido. Defina uma visão para cada uma, levando em consideração as três características de uma visão.

_____
_____
_____
_____
_____

Explique para um colega seu o conceito de visão, a importância da visão e como fazer uma visão. Seu objetivo: convencê-lo de que ele precisa trabalhar em visões para resolver situações indesejadas.

_____
_____
_____
_____
_____

PASSO 2:
Por que não estamos lá?

GUIA DA PIRÂMIDE DO FAZER ACONTECER
Ações-chave de cada passo

- PASSO 1: ONDE ESTAMOS E AONDE QUEREMOS CHEGAR?

- **PASSO 2: POR QUE NÃO ESTAMOS LÁ?**
  - Problemas e causas
    - Diagnosticar a situação, chegando aos problemas/causas dela.

- PASSO 3: O QUE FAZER?

- PASSO 4: ESTAMOS FAZENDO?

- PASSO 5: CHEGAMOS? AJUSTES SÃO NECESSÁRIOS?

Problemas e causas:
O SEGREDO DAS PESSOAS QUE TRABALHAM MENOS — E TRAZEM MAIS RESULTADOS

Minha esposa adora o seriado House. *Sim, aquele em que o ator e músico Hugh Laurie faz o papel do Dr. Gregory House, um médico cínico e mal-humorado. Aparentemente não é só ela que gosta – esse seriado teve 176 episódios de 2004 a 2012, e o ator já ganhou dois prêmios Globo de Ouro por esse seu trabalho.*

Bom, eu não gosto de House! *E a razão é bem simples. Respeito quem vê, mas eu não gosto de seriados de médicos em geral. Ponto. Ficar vendo cenas de hospital e cirurgias não é uma coisa que me atrai!*

Mas, em um belo dia, ela estava vendo um episódio e acabei me juntando... House estava em uma sala com os médicos de sua equipe (assim parecia para mim, ao menos!). Eles estavam discutindo um caso complicado. A paciente tinha sete sintomas que "não conversavam" – não podiam ser associados a uma doença única específica.

Então, iniciou-se uma discussão em que cada um dividia o seu ponto de vista sobre o que explicava todos os sintomas. Um aponta que os antibióticos podem ter causado a falha nos rins. Outro comenta uma possível alergia associada a uma sinusite. Alguém lembra que uma infecção abdominal também pode..., mas é interrompido por alguém que diz que um exame já foi feito e que não há infecção abdominal. Aí House fala que não se mencionou nenhuma causa para a tosse e as manchas na pele. Assim a discussão segue, até que eles chegam às causas mais prováveis dos sintomas; só então discutem opções para tratá-las.

Puxa, pensei: se fosse sempre assim com os médicos que conhecemos... se fosse sempre assim nas empresas!

Você não resolve nada olhando apenas o resultado.

Ram Charan

Se você está com febre, isso é um sintoma. As causas podem ser variadas e, dependendo de qual é a real causa, tratar apenas o sintoma não vai resolver o seu problema. Exemplo: se você está com uma infecção bacteriana e toma apenas dipirona... Bem, digamos que as coisas não devem melhorar. Em alguns casos, tratar o sintoma pode até piorar a situação. Exemplo: uma loja está vendendo pouco; então, é feita uma promoção-relâmpago. No curto prazo, as vendas melhoram, mas depois caem a um nível ainda mais baixo. Motivo: a promoção-relâmpago no fundo só estressou as causas reais – baixa capacidade de atendimento e motivação dos funcionários (que ficaram assoberbados e fizeram hora extra com a promoção, tornando-se, assim, ainda mais insatisfeitos que originalmente).

Como se sabe, o trabalho de um bom médico é achar primeiro os *problemas* e as *causas* que explicam os *sintomas* do paciente para, então, definir a melhor forma de tratá-lo.

Para resolver situações indesejadas nas empresas, a abordagem deve ser a mesma.

Conceito e importância

Você não resolve nada olhando apenas o resultado, já disse o consultor de empresas Ram Charan. A sua situação indesejada atual, definida no passo 1 – seja ela algo para resolver ou melhorar – é o resultado que você tem hoje, é o seu sintoma! As vendas estão caindo? Isso é sintoma – deve haver problemas que explicam isso. O *turnover* está alto? *Idem.* A comunicação entre as áreas está falha? *Idem.* Poderíamos ter um portfólio de produtos mais completo? *Idem.* As entregas estão sendo feitas com atraso aos consumidores? Mesma coisa. E assim por diante.

> Uma **situação indesejada** é apenas um **SINTOMA.** Você não resolve nada olhando apenas o resultado.

Para o nosso propósito aqui, definimos problemas e causas da seguinte forma: problema é algo que explica por que você está na situação em que está e impede você de chegar à visão. Pode haver vários problemas para uma mesma situação indesejada. Causa, ou causa-raiz, por sua vez, é o que está por trás do problema, é onde ele se origina. Também, é claro, pode haver mais de uma causa para um dado problema.

Problema	Causas
Explica porque você está na situação e impede atingimento da visão.	O que está por trás do problema, onde ele se origina.

Lembro-me bem de um caso de uma marca que eu pude gerenciar há alguns anos. Éramos líderes de mercado, vendas crescendo, tudo ia muito bem. Aí nosso principal concorrente melhorou a linha de produtos; nossas vendas, depois de algum tempo, começaram a cair – o que passou a ser nossa situação indesejada. Mas não queríamos admitir que essa situação era causada por falta de competitividade do produto – sempre tivemos o melhor produto do mercado! Então, fizemos outras coisas.

Primeiro investimos mais em propaganda. Resultados? Vendas continuaram caindo.

Então, fizemos uma promoção enorme. Resultados? Vendas continuaram caindo.

Aí, reduzimos um pouco o preço. Resultados? Você já sabe.

Até que resolvemos atacar de fato o problema real: nosso produto continuava bom sim, só que, em relação ao da concorrência, ele tinha piorado. Isso é o que explicava a situação indesejável – vendas caindo – e não falta de propaganda, de promoção ou preço inadequado. Como você deve ter percebido, a causa por trás desse problema foi uma "cegueira" corporativa; não queríamos admitir esse problema – algo a que ficamos atentos para não repetir depois.

Aceleramos as coisas e conseguimos relançar toda nossa linha de produtos com melhorias significativas. Resultados? Vendas voltaram a crescer.

O conceito é mesmo simples, mas crítico. Gosto de usar a analogia de um *iceberg* para explicá-lo. A ponta do *iceberg* – visível para todos – é a sua situação indesejada. Ela é relativamente mais fácil de entender. Algo não vai bem, tem esse tamanho, localização, frequência e duração. Agora, para entender o que explica essa situação... Aí, tem

que mergulhar! Tem que olhar o que está escondido no mar, achar os problemas que explicam a situação e suas respectivas causas.

Mas por que isso é tão importante?

Já fui consultor de estratégia de empresas. Nesses anos de consultoria, conheci muita gente bacana, mas admiro demais uma pessoa em especial, com quem mantenho contato até hoje. Atualmente, ela é sócia de uma grande e renomada consultoria de estratégia.

Se você já trabalhou ou conhece alguém que trabalha com consultoria de estratégia, deve saber que essa é uma vida bem corrida. Trabalha-se demais. As pessoas parecem sempre estressadas, por mais bem-sucedidas que sejam. É incomum terem o equilíbrio de vida profissional e pessoal de que gostariam, para dizer o mínimo.

Mas não essa pessoa.

Era incrível.

Ele mandava muito bem nos projetos de consultoria em que trabalhava. Quando o conheci, já era gerente, liderando diversos projetos de clientes diferentes com variadas equipes. Trabalhava bastante sim, mas raramente até altas horas. Nunca parecia estressado, sempre um bom papo para um eventual café. Tinha diversos *hobbies*. Nossa! Como achava tempo, eu me perguntava. Depois de um tempo, descobri que ainda tinha dois ou três negócios pessoais, que tocava "paralelamente". Hein? Mas como? Eu mal tinha tempo de ler um livro à noite!

O princípio 80/20

Talvez você já tenha ouvido falar na "lei de Pareto", ou no "princípio 80/20".

Vilfredo Pareto foi um economista e sociólogo que viveu entre 1848 e 1923. Seu trabalho mais influente, denominado *Curso de economia política*, abordava uma até então pouco explorada "lei" da distribuição de renda, que depois passou a ter o seu nome: Lei de Pareto, ou "Distribuição de Pareto", ou, mais recentemente, "princípio 80/20". Em seu trabalho, Pareto argumentava e demonstrava que 80% da riqueza e da renda era produzida por 20% da população – e essa regra, logo se viu, poderia ser aplicada a diversas outras esferas. Um dos contextos em que ela é utilizada é justamente o entendimento de resultados indesejáveis, para os quais ela sugere que 80% dos resultados decorrem de 20% das causas.

Como, então, aquele consultor que admiro conseguia fazer tudo aquilo? Como ele trabalhava menos e era menos estressado que outras pessoas, mas trazia resultados superiores?

Acho que você já sabe.

Ele aplicava o 80/20 continuamente.

Ele, primeiro e sempre, achava os problemas e as causas principais de situações indesejáveis – do trabalho dele e dos clientes de consultoria para quem trabalhava. Então, praticamente "esquecia o resto" e focava em resolver *essas* causas. Arrisco-me a dizer que esse conceito seja um dos mais importantes para fazer acontecer, para entregar resultados, ao permitir que você *foque o mais importante*. É o passo 2 que dará a direção de todo trabalho subsequente. Diagnósticos malfeitos implicarão recursos seus e da empresa desperdiçados e tempo perdido.

> Um bom diagnóstico permite que você **FOQUE O MAIS IMPORTANTE.** Diagnósticos malfeitos implicarão **recursos seus e da empresa desperdiçados**, em tempo perdido!

Então, qual o nosso desafio no passo 2 para fazer acontecer? Achar os problemas e suas respectivas causas, que explicam sua situação indesejada!

Dependendo da complexidade da sua situação, pode ser que haja muitos problemas atuando nela; no entanto, na prática, normalmente um número pequeno desses problemas responde pela maior parte do resultado. É o princípio 80/20. Focá-los vai permitir que você trabalhe menos e traga mais resultados – o mesmo princípio é válido para equipes e empresas. Esse é o grande "segredo".

Como fazer na prática

Existem diversas ferramentas possíveis para se fazer um diagnóstico de uma situação – talvez você já tenha ouvido falar de termos como "espinha de peixe" (ou Diagrama de Ishikawa), ou "árvores de causa e efeito". A abordagem que apresentamos a seguir, comumente utilizada pelas melhores consultorias do mundo, é muito efetiva e pode ser utilizada para qualquer situação. Se é uma situação indesejada individual sua, ou da sua equipe, ou de várias áreas, ou mesmo da empresa inteira, não importa, a lógica é a mesma. Você não precisa de uma ferramenta a depender da situação. Use essa e estará bem-equipado para entender qualquer situação indesejada que você queira resolver.

Vamos lá?

Modelo para diagnóstico de uma situação indesejada		
1) Parta da situação e da visão.	2) Estruture o diagnóstico.	3) Conduza as atividades e sintetize as conclusões.
Situação → Visão	*Temas* *Perguntas* *Atividades* Tema 1 — Pergunta A / Pergunta B / Pergunta ... Tema 2 — Pergunta N / Pergunta O / Pergunta ... Tema ... — Pergunta X / Pergunta Y / Pergunta ... O que será feito para responder a cada pergunta: 1. Análises 2. Entrevistas 3. Pesquisas 4. Observações 5. Experimentos	*Resultados*

Etapa 1: Parta da situação e da visão

Modelo para diagnóstico de uma situação indesejada			
1) Parta da situação e da visão.	2) Estruture o diagnóstico.		3) Conduza as atividades e sintetize as conclusões.
Situação → Visão	Temas Perguntas	Atividades	Resultados
	Tema 1 — Pergunta A / Pergunta B / Pergunta ...	O que será feito para responder a cada pergunta:	
	Tema 2 — Pergunta N / Pergunta O / Pergunta ...	1. Análises 2. Entrevistas 3. Pesquisas 4. Observações 5. Experimentos	
	Tema ... — Pergunta X / Pergunta Y / Pergunta ...		

Partimos, é claro, do passo 1 da pirâmide: já temos nossa situação indesejada devidamente mapeada (tamanho, localização, frequência e duração) e uma visão para ela definida (audaciosa, desejável e clara/comunicável).

Etapa 2: Estruture o diagnóstico – Temas, perguntas e atividades

Então, estruturamos o diagnóstico a ser realizado para entender as causas da situação. Precisamos fazer três coisas para estruturar o diagnóstico.

2.1. Desagregar a situação em temas

Modelo para diagnóstico de uma situação indesejada		
1) Parta da situação e da visão.	2) Estruture o diagnóstico.	3) Conduza as atividades e sintetize as conclusões.
Situação → Visão	*Temas* / *Perguntas* / *Atividades* Tema 1: Pergunta A, Pergunta B, Pergunta ... Tema 2: Pergunta N, Pergunta O, Pergunta ... Tema ...: Pergunta X, Pergunta Y, Pergunta ... O que será feito para responder a cada pergunta: 1. Análises 2. Entrevistas 3. Pesquisas 4. Observações 5. Experimentos	*Resultados*

A primeira delas é *desagregar a situação* nos temas que a compõem. Em outras palavras, tentamos decompor a estrutura formadora da situação em partes menores, para facilitar o seu entendimento.

Vamos ver isso em um exemplo? Imagine que uma marca qualquer de alimentos, distribuída pelo varejo (supermercados, atacadistas etc.), não consiga crescer sua participação de mercado e, no entanto, sua visão seja tornar-se líder no segmento em que atua. Como identificar os problemas/causas que a impedem de crescer sua participação?

Esse é um típico caso de situação ampla e complexa que, se não estruturarmos um diagnóstico, descobrir os problemas/causas pode se tornar uma atividade bastante confusa, longa e desgastante – sem falar na chance de se chegar a conclusões erradas e/ou incompletas. A possibilidade de isso acontecer é, ao contrário, muito reduzida, se, primeiramente, estruturarmos um bom diagnóstico.

A primeira fase é, então, como vimos, desagregar essa situação. Como fazer isso? Infelizmente, não existe uma única forma de se desagregar uma situação! O que você deve buscar é fazê-lo de um modo que permita um melhor entendimento dela, sem esquecer de nenhum tema importante. É válido destacar dois pontos críticos aqui.

- **A importância de conhecer a situação**
  Conforme apontamos anteriormente, entender bem a sua situação indesejada (passo 1) ajuda a diagnosticá-la (passo 2). Por exemplo, se as vendas de determinada categoria de serviços de uma empresa qualquer está caindo, saber a localização disso – em que regiões, serviços específicos, canais e clientes isso está acontecendo – pode economizar tempo no seu diagnóstico. Suponha que a empresa tenha 30 clientes principais e que as vendas estejam caindo em 5 deles. Bem, em vez de fazer um diagnóstico de todos os clientes, provavelmente valha a pena focar apenas os 5 em que as vendas estejam piores. Então, vale o reforço: antes de ir para o passo 2 da pirâmide, entenda bem a sua situação! E, claro, defina uma visão para ela.
- **Quanto mais você conhecer do assunto, melhor**
  O segundo ponto crítico para se realizarem bons diagnósticos é este: você precisa conhecer muito o contexto da situação envolvida. Quanto mais você souber do assunto, mais preparado estará para entender os temas que envolvem a situação, bem como para definir os pontos seguintes do diagnóstico (perguntas, atividades, resultados). Por exemplo, se você conhece muito sobre logística, estará provavelmente mais apto para fazer bons diagnósticos que envolvam essa

área. Talvez isso não se aplique para problemas, por exemplo, de finanças.

No caso discutido, uma possível (mas não única) desagregação da situação "não conseguimos crescer participação de mercado" seria nos seguintes três temas:

1. **Consumidor**
   Exemplos: a marca pode ter algum problema de conhecimento, ou de imagem entre os consumidores potenciais.
2. **Loja**
   Exemplos: a marca pode não estar bem-distribuída nas lojas; pode ser pouco promocionada nas lojas; pode ser difícil achar a marca numa loja, ainda que ela esteja presente.
3. **Clientes**
   Exemplos: os varejistas não estão satisfeitos com a marca por alguma razão, de forma que compram apenas quantidades de reposição.

Opa! Veja como agora as coisas já ficam um pouco mais claras. O fato de a marca não estar crescendo pode ser um problema relativo aos consumidores; ou algo nas lojas; ou com os clientes; ou ainda, é claro, pode ser uma combinação de dois ou de todos os temas.

E quais as vantagens de, primeiramente, desagregar a situação nos temas que a compõem? Em essência, são três as vantagens:

É mais **simples** fazer dessa forma.	Olhar a situação apenas (especialmente se complexa) pode, muitas vezes, intimidar – simplesmente não sabemos por onde começar. À medida que quebramos essa situação em partes menores, as coisas ficam mais claras, mais fáceis de lidar, como você deve ter percebido nos exemplos anteriores.
Traz **foco** e ganho de **tempo**.	Aumentam as chances de trabalhar *somente* nos aspectos que ajudam a entender a situação; portanto, trazendo foco e ganhando tempo. Em outras palavras, você esclarece o escopo do seu diagnóstico antes de "sair correndo" atrás de números e informações.
Permite diagnósticos mais **efetivos**.	Ampliam-se as chances de se pensar em todos os possíveis temas que podem ajudar a entender a situação. Se você parte direto para a análise de alguns pontos específicos, você pode estar esquecendo algo crítico.

Com relação a essa terceira vantagem, imagine a seguinte situação: em uma reunião, ao ser dito "não estamos conseguindo atender à demanda de vendas", alguém pode declarar que "isso ocorre porque estamos com falta de capacidade de produção". Bom, essa afirmação delimita um tema (ou escopo, ou alvo), o sistema de produção. Em decorrência disso, as análises de causas focarão somente esse tema, bem como os planos de ação – algo como "precisamos aumentar a capacidade da linha de produção" deve aparecer.

Note que, no entanto, existem vários outros possíveis temas que podem explicar essa situação: *planejamento da demanda* – será que estamos estimando corretamente as quantidades e o *mix* que vamos vender?; *logística e armazenamento* – estamos trabalhando da forma mais eficiente possível a distribuição de nossos produtos?; *portfólio* – temos um portfólio de produtos otimizado, ou trabalhamos com muitos produtos que giram pouco e são de difícil previsão de vendas?; e assim por diante. Veja que, primeiramente, ao forçar a desagregação da situação indesejada, você reduz as chances de esquecer algum tema importante!

Ah, não é raro me perguntarem em treinamentos: mas Jucá, qual o número de temas ideal? Não há uma regra fixa, um número ideal. No entanto, posso afirmar por experiência que algo entre três e cinco temas costuma ser suficiente para a maioria das situações. Muito mais do que isso, talvez você esteja desagregando de forma demasiada a situação, tornando seu diagnóstico desnecessariamente complexo. Menos de três temas, talvez você esteja esquecendo algo importante – a não ser que sua situação seja mesmo simples.

2.2. Definir as perguntas para cada tema

1) Parta da situação e da visão.	2) Estruture o diagnóstico.		3) Conduza as atividades e sintetize as conclusões.
	Temas	*Perguntas*	*Atividades*	*Resultados*
Situação → Visão	Tema 1	Pergunta A Pergunta B Pergunta ...	O que será feito para responder a cada pergunta: 1. Análises 2. Entrevistas 3. Pesquisas 4. Observações 5. Experimentos	
	Tema 2	Pergunta N Pergunta O Pergunta ...		
	Tema ...	Pergunta X Pergunta Y Pergunta ...		

Modelo para diagnóstico de uma situação indesejada

Agora que você tem os temas definidos, é hora de passar para a fase dois da sua estruturação do diagnóstico: definir as perguntas para cada tema.

Mal posso enfatizar a importância de fazer isso bem-feito!

Antes de mais nada, estamos falando de uma pergunta num formato qualquer aqui? Definitivamente não! Estamos falando de uma pergunta *formulada de forma que requeira uma resposta sim/não inequívoca*. Por quê? Somente desse modo a resposta vai, de maneira clara, apontar ou excluir o ponto como um problema da situação!

> Uma **pergunta** de diagnóstico precisa ser formulada de forma que requeira uma **RESPOSTA SIM/NÃO INEQUÍVOCA.**

Vamos ver alguns exemplos ilustrativos de perguntas para a situação "não conseguimos crescer participação de mercado", discutida anteriormente, para entendermos isso bem.

Comecemos pelo tema "consumidor":

Quanto estamos investindo em propaganda ao consumidor? Essa *não* é uma pergunta adequada para o nosso propósito aqui. Note que apenas saber o quanto estamos investindo em propaganda não vai me ajudar necessariamente a saber se estamos investindo de forma adequada. Em outras palavras, não me ajuda a entender se o nível de investimento em propaganda é um problema ou não que explica a situação indesejada!

Estamos investindo um valor adequado em propaganda? Opa! Veja a diferença. Essa pergunta exige uma resposta sim ou não. Ponto. Para responder a ela, não basta saber o quanto eu estou investindo hoje.

O executivo provavelmente vai precisar comparar isso com o histórico da marca – e com a concorrência. Veja que isso enseja outro tipo de atividade para responder à pergunta (o que vamos falar na sequência).

Exemplos para o tema "loja":

- **Qual o nível de distribuição da marca?**
  Inadequado novamente, pelas mesmas razões apresentadas anteriormente.
- **O nível de distribuição da marca é competitivo?**
  Agora sim. Resposta sim ou não exigida.

Exemplos para o tema "comprador":

- **Qual a margem que o comprador trabalha com nossa marca?**
  Bem, você já sabe.
- **A margem que o comprador tem com nossa marca é competitiva *em relação à dos* nossos concorrentes?**
  Agora sim!

Veja que é a capacidade de definir as perguntas certas, que requeiram uma resposta sim/não inequívoca, que vai *ditar quão efetivo o seu diagnóstico vai ser*. Se esquecermos alguma pergunta importante, um problema poderá passar despercebido. Se formulamos perguntas abertas, não conseguimos, de fato, saber se o ponto é ou não um problema, e o processo de diagnóstico torna-se mais longo e cansativo.

> É a capacidade de definir as
> **PERGUNTAS CERTAS**,
> que requeiram uma resposta sim/não inequívoca, que vai ditar **quão efetivo o seu diagnóstico vai ser**.

Ah, e quantas perguntas por tema? Quantas forem necessárias! Um tema pode ter só duas perguntas; ou 12. Não há regras aqui.[1]

---

1. Outra possibilidade aqui é, em vez de trabalhar com perguntas, formular hipóteses – respostas preliminares às perguntas, que, depois, as atividades vão confirmar ou não. Assim, por exemplo, a pergunta "O nível de distribuição da marca é competitivo?" torna-se uma hipótese, uma afirmação, como em "O nível de distribuição é competitivo". O seu trabalho, depois, será fazer as atividades necessárias para checar a validade de tal hipótese (análises, entrevistas, pesquisas, obsevações, experimentos). A lógica do trabalho de diagnóstico é a mesma, quer você trabalhe com perguntas, quer você trabalhe com hipóteses.

2.3. Definir as atividades necessárias para responder às perguntas

Modelo para diagnóstico de uma situação indesejada		
1) Parta da situação e da visão.	2) Estruture o diagnóstico.	3) Conduza as atividades e sintetize as conclusões.

	Temas	Perguntas	Atividades	Resultados
Situação → Visão	Tema 1	Pergunta A Pergunta B Pergunta ...	O que será feito para responder a cada pergunta: 1. Análises 2. Entrevistas 3. Pesquisas 4. Observações 5. Experimentos	
	Tema 2	Pergunta N Pergunta O Pergunta ...		
	Tema ...	Pergunta X Pergunta Y Pergunta ...		

Muito bem, agora temos já delineados os temas e suas respectivas perguntas. É hora da terceira e última fase da estruturação do seu diagnóstico: definir as atividades necessárias para responder às perguntas!

Dependendo da sua pergunta, ela vai exigir um ou mais de cinco tipos essenciais de atividade para que você obtenha uma resposta:

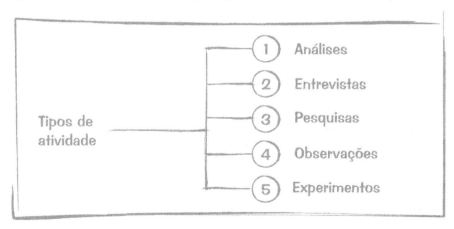

Expliquemos cada uma dessas atividades.

1. **Análises.** O primeiro tipo são *análises*. Uma definição simples de análise: coletar dados, organizá-los e tirar conclusões úteis deles. Vejamos um exemplo ilustrativo:

Pergunta	Exemplo de atividade: Análise
Nosso pacote de remuneração é adequado?	Comparação da nossa remuneração com competidores diretos e empresas similares, por meio da compra de bases de dados.

Nesse caso, a pergunta está bem-formulada. Exige uma resposta sim ou não, e uma possível maneira de responder a ela é por meio da análise descrita – uma comparação entre os pacotes de diferentes empresas.

2. **Entrevistas.** O segundo tipo de atividade são *entrevistas*. Aqui, você vai conversar com pessoas – por exemplo, com *experts* no assunto, ou com outras empresas que passaram pela mesma situação. Veja o caso a seguir:

Pergunta	Exemplo de atividade: Entrevistas
A estrutura organizacional da área de vendas é adequada?	– Entrevistas com *experts* em áreas de vendas. – Entrevistas com diretores de vendas de empresas não competidoras.

Novamente, aqui, a pergunta está bem-formulada, e a atividade descrita é fazer entrevistas que busquem reunir informações que me ajudem a responder à pergunta. É válido notar que, para uma pergunta importante como essa, realizar entrevistas não seria provavelmente a única atividade com base na qual a resposta seria dada – outras atividades poderiam ser incluídas.

3. **Pesquisas.** A terceira atividade possível é fazer uma *pesquisa*. Note que realizar algumas entrevistas qualitativas é uma maneira de pesquisa; quando colocamos "pesquisa" aqui, no entanto, estamos nos referindo a um esforço maior e quantitativo de coleta de dados, usualmente realizado por uma empresa terceira contratada para tal fim. Um exemplo:

Pergunta	Exemplo de atividade: Pesquisa
Estamos conseguindo crescer a experimentação da nossa marca?	Realizar pesquisa mensal por seis meses, coletando dados de experimentação.

Nesse exemplo, a pergunta está novamente bem-formulada, e a maneira de responder é por meio de uma pesquisa com consumidores.

4. **Observações.** O quarto tipo de atividade possível é a *observação*. Muitas vezes, podemos responder a uma pergunta ao observarmos um fenômeno, ou processo "ao vivo". Exemplo:

Pergunta	Exemplo de atividade: Observação
Estamos atendendo às reclamações dos consumidores de maneira satisfatória?	Observar o atendimento da equipe de 0800 por X dias.

A pergunta está bem-formulada. Uma atividade (de várias possíveis) para responder à pergunta é observar na prática como esse atendimento tem sido feito!

5. **Experimentos.** Quinto e último tipo: realizar um *experimento*. Esse costuma dar bem mais de trabalho, sendo menos utilizado. Vamos a um exemplo:

Pergunta	Exemplo de atividade: Experimento
A embalagem do nosso produto X é a mais adequada?	Realizar um experimento comparativo entre embalagem atual e alternativa.

Pergunta com resposta sim ou não, tudo certo. Forma de responder ilustrada: colocar o produto sendo vendido na embalagem atual e em embalagem alternativa considerada potencialmente melhor em regiões distintas. Comparar os resultados da marca, tentando manter sem mudanças as demais condições de mercado (investimento, preços etc.). Veja que aqui o negócio é mais complicado... Não é uma simples pesquisa, pois vou testar as opções em condições *reais* de mercado, e não por meio de entrevistas com consumidores.

Vamos ver mais um exemplo completo de estruturação de um diagnóstico?

Imagine que o dono de um pequeno varejo de roupas (que, ao menos por enquanto, não vende por internet) traga a seguinte situação indesejada para você: "Eu vendo bem menos que um competidor que atua na mesma região que a minha" – e que também não está na internet. A visão que ele tem para o negócio dele é "ser reconhecido como a melhor opção para comprar roupas na região – e, portanto, a que mais vende!". E aí, como determinar o que o cliente tem de fazer para caminhar em direção à visão dele?

Lembre que, aqui, você deve investigar e estimar os quatro aspectos da situação – seu tamanho (Quanto menos você vende?), localização (Existem lojas específicas com *performance* muito ruim? Produtos? Vendedores?), frequência (Existem momentos, como dias, semanas, estações do ano, dias comemorativos, a exemplo do Dia das Mães, em que as vendas são menores?) e duração (Há quanto tempo isso acontece?). Para esse caso ilustrativo, porém, vamos supor que você não tem nenhuma dessas informações. Tudo que você possui é a descrição do dono sobre a situação e a visão dele.

E aí? O que temos de fazer agora?

Temos de descobrir as causas dessa situação. Não saia já fazendo planos!

Então, vamos aplicar o nosso modelo. Uma possível forma de estruturar o diagnóstico é a seguinte:

Aplicação do modelo de diagnóstico: Caso simplificado de um varejista			
1) Parta da situação e da visão.	2) Estruture o diagnóstico.		
	Temas	*Perguntas*	*Atividades*
Situação "Eu vendo bem menos que um competidor que atua na mesma região que a minha." / *Visão* "Ser reconhecido como a melhor opção para comprar roupas na região – e, portanto, a que mais vende!"	Número de consumidores atraídos para a loja	– Divulgação efetiva? – Boa localização? – Boas vitrines? – Boas promoções?	– Análise comparativa com a concorrência de todos os pontos.
	Porcentagem dos atraídos que fazem compras	– Bom atendimento? – Ambiente de loja adequado? – Portfólio de produtos abrangente e disponível?	– Análise comparativa com a concorrência de todos os pontos. – Pesquisa comprador oculto.
	Valor das compras por consumidor	– Bom atendimento? – Portfólio de produtos abrangente e disponível? – Formas de pagamento atrativas?	– Análise comparativa com a concorrência de todos os pontos. – Pesquisa comprador oculto.

Alguns comentários sobre essa aplicação.

Comecemos pelos temas. Lembre que não há uma forma única de se desagregar uma situação. Você pode pensar em outras válidas. Nessa aplicação de modelo, optou-se pelos três temas que, juntos, compõem o resultado de vendas. O que uma loja (ou um conjunto delas) vende é determinado, primeiramente, pelo número de consumidores atraídos para a loja (de novo, se ela não vende por internet). Se o consumidor não entra, não tem venda! E há certos aspectos que influenciam a capacidade de uma loja de atrair consumidores... que vamos justamente investigar nas perguntas.

Bom, mas uma venda só acontece mesmo se, é claro, além de o consumidor entrar na loja, ele efetivamente comprar algo. Então, este é o segundo tema: o porcentual de consumidores do total atraído para a loja que, de fato, compra algo. Esse tema é influenciado por alguns outros pontos... que devemos investigar nas perguntas.

Finalmente, os consumidores podem fazer compras totalmente distintas – um, por exemplo, pode gastar R$ 10,00 e outro R$ 100,00. Temos, então, um terceiro tema: dos que compram, quanto é gasto, o que é influenciado por mais alguns pontos (vários em comum com temas anteriores).

Opa! As coisas começam a ficar mais claras. Ele pode estar vendendo menos porque não consegue atrair consumidores para sua loja (tema 1); ou até atrai, mas poucos compram (tema 2); ou ainda até compram, mas gastam pouco (tema 3). Ou, é claro, pode haver uma combinação desses três temas.

Definidos os temas, na sequência procuramos fazer as perguntas que nos ajudem a entender onde estão possíveis causas da situação, determinando as atividades para responder a tais perguntas. Por exemplo: será que temos boas vitrines? O atendimento é adequado? As formas de pagamento são atrativas? Ao responder a essas questões, saberemos onde estão as causas da situação – aí, sim, poderemos discutir como resolvê-las. Note que existem perguntas que se aplicam a mais de um tema, o que pode acontecer mesmo.

Vale destacar um ponto importante: embora desagregar a situação em outras menores facilite o seu entendimento, no fim das contas a empresa toda é um sistema em que praticamente tudo interage – não só dentro da empresa, mas também "para fora", com clientes, fornecedores, concorrentes. Assim, quanto mais complexa a sua situação indesejada, não só identifique e analise os temas, mas também esteja atento à interação entre esses temas e às perguntas que podem influenciar temas diversos.

Veja que não estamos aqui interessados nos temas/perguntas/atividades específicos do caso. Cada pessoa tem as suas situações para resolver, e elas podem variar enormemente! Estamos interessados na *lógica* da construção do diagnóstico – lógica que pode ser aplicada para *qualquer situação indesejada* que você esteja enfrentando. Em suma:

Lógica da estrutura do seu diagnóstico	**Temas** Desagregar a situação nos temas que a compõem.
	Perguntas Determinar as perguntas a serem investigadas para cada tema, de forma que requeiram uma resposta sim/não inequívoca.
	Atividades Definir as atividades necessárias para responder às perguntas (análises, entrevistas, pesquisas, observações, experimentos).

Lembre: quanto mais você conhecer da situação, mais será capaz de estruturar um excelente diagnóstico!

Bom, e agora? Feito tudo isso, agora você tem o seu diagnóstico estruturado: situação desagregada em temas, perguntas sim ou não formuladas para cada tema, atividades necessárias para responder às perguntas definidas.

É hora de realizar as atividades e chegar aos problemas/causas!

Etapa 3: Conduza as atividades e sintetize as conclusões

Modelo para diagnóstico de uma situação indesejada			
1) Parta da situação e da visão.	2) Estruture o diagnóstico.		3) Conduza as atividades e sintetize as conclusões.
	Temas / Perguntas	Atividades	Resultados
Situação → Visão	Tema 1: Pergunta A, Pergunta B, Pergunta ... Tema 2: Pergunta A, Pergunta B, Pergunta ... Tema ...: Pergunta A, Pergunta B, Pergunta ...	O que será feito para responder a cada pergunta: 1. Análises 2. Entrevistas 3. Pesquisas 4. Observações 5. Experimentos	

Se o seu diagnóstico foi bem-estruturado, resta agora conduzir as atividades definidas, respondendo às perguntas apresentadas.

Aqui um ponto especial merece atenção: chegue às causas-raízes!

Na prática, isso que dizer que, quando uma resposta a uma pergunta apontar um problema, você vai precisar continuar "mergulhando", até se certificar de que chegou à causa-raiz daquele problema. Lembre-se do *iceberg*!

> Ao realizar um diagnóstico, **"MERGULHE"** para certificar-se de que chegou à **causa-raiz** daquele problema!

A pirâmide do fazer acontecer | 81

Como fazer isso? O conhecido *método dos cinco porquês*, originado na Toyota, pode ajudar muito. Achou um problema, pergunte *por que* até ter certeza de que chegou à causa-raiz!

Um exemplo (Ries 2011): a máquina de uma fábrica parou de funcionar (situação indesejada). Você quer entender qual é a causa. Vamos assumir que você desagregou essa situação em alguns temas, e que, em um desses temas, havia a pergunta "Os fusíveis estão em ordem?". Ao investigar essa pergunta, você viu que não, os fusíveis não estão em ordem – eles estão queimados. Pronto, aí está a sua causa, certo?

Errado!

Esse é um problema que explica a situação, mas não é necessariamente a causa-raiz.

Agora é preciso mergulhar – use os cinco porquês! Por exemplo:

- Por que o fusível está queimado? Houve uma sobrecarga.

- Por que houve uma sobrecarga? O mancal não estava lubrificado de forma adequada.
- Por que o mancal não estava lubrificado de forma adequada? A bomba de óleo lubrificante não estava bombeando de maneira correta.
- Por que a bomba de óleo lubrificante não estava bombeando de maneira correta? O eixo de acionamento da bomba estava desgastado e trepidando.
- Por que o eixo de acionamento da bomba estava desgastado e trepidando? Não havia filtro e entraram fragmentos metálicos.

Agora você tem a causa-raiz. Se você somente trocasse o fusível, você provavelmente teria o problema de novo!

Os cinco porquês podem gerar, e comumente geram, outras perguntas – novamente e sempre de forma que *requeiram uma resposta sim/não inequívoca.*

Voltemos ao exemplo do varejista. Uma das perguntas propostas foi se há bom atendimento. Digamos que a resposta tenha sido "não". Certo. Então, temos um problema de atendimento. Acabou aqui o diagnóstico para essa pergunta? Não! Devemos questionar: "Por que não temos um bom atendimento?". Outros temas devem ser pensados e novas perguntas sim/não formuladas. Por exemplo, os seguintes temas e perguntas ilustram, mas não esgotam o problema:

1. **Pessoas.** Estamos contratando as pessoas certas para fazer esse serviço?
2. **Treinamento.** Elas recebem o treinamento adequado para realizar sua função?

3. **Incentivos.** Temos incentivos para um bom atendimento?
4. **Desenvolvimento.** Há *feedback* de atendimentos bons e ruins realizados, para melhoria contínua?

E, é claro, a lógica continua. Outras atividades (análises, pesquisas, entrevistas, observações ou experimentos) são definidas para responder a essas outras perguntas, e assim o diagnóstico tem sequência.

Até quando?

Até você chegar aos problemas que explicam a situação e suas respectivas causas-raízes! Ou seja, fala-se em "cinco porquês" não por esse número ser uma regra fixa, mas apenas como um lembrete, um estímulo para buscarmos várias interações até, de fato, chegarmos às causas-raízes dos problemas.

Onze dicas para a aplicação do modelo

Entendido o modelo de diagnóstico, vale passar algumas dicas práticas para aplicá-lo – aquelas que vêm de anos de prática nas "trincheiras" e que muitas vezes podem representar armadilhas para todos nós.

1. **Aponte um dono para o diagnóstico**
   Um diagnóstico de uma situação simples pode ser feito em alguns minutos, com, por exemplo, um papo rápido com duas ou três pessoas envolvidas; ou pode envolver semanas entre estruturar o diagnóstico, fazer as atividades e apresentar/alinhar as pessoas dos resultados. Quanto mais complexo o diagnóstico, mais próximo ele fica de um

projeto em si – com atividades, responsabilidades, prazos. Dessa forma, é válido que ele tenha um "dono", cujo papel é coordenar os esforços. Nesse contexto, é fundamental que se determinem prazos e responsáveis para as atividades –é algo óbvio, mas vejo muito esquecermos isso. Se, depois de pronta a estrutura do diagnóstico, você não dividir o trabalho nem determinar prazo para as atividades serem feitas, pode ter certeza de que o diagnóstico vai demorar para sair – se é que algum dia vai sair.

2. **Envolva as pessoas**
Não imagine a figura de um "gênio" que se senta com papel e caneta e desenha todos os temas, todas as perguntas e todas as atividades. Um diagnóstico é mais bem-estruturado e realizado quando envolve as pessoas certas.

3. **Entenda que você é parte do sistema**
Fazer um bom diagnóstico também implica olhar para você mesmo com transparência, pois afinal, seus comportamentos provavelmente também explicam parte da situação indesejada. É como quem reclama do chefe, mas não entende que é corresponsável por criar uma relação ruim com ele. É como a pessoa que reclama da corrupção no país, mas não entende que ela também a reforça, quando oferece propina. Em resumo, você não é um observador independente, você é parte do sistema.

4. **Ouça**
Armadilha bem comum... Quando começamos um diagnóstico, é possível que já tenhamos uma boa ideia das causas de uma situação. E o que pode acontecer? Só ouvimos das pessoas os pontos que confirmam o que pensamos,

ignorando os demais. Preste especialmente atenção a pontos em que você não tinha pensado – esses podem se revelar os mais valiosos!

5. **Realize as atividades para responder às perguntas com muito cuidado**

    Ouvi isso de um consultor muito experiente e nunca mais esqueci: "Jucá, cuidado com análises que resultam em conclusões muito surpreendentes. Frequentemente, é a análise que está simplesmente errada!". Isso não quer dizer, é claro, que você não pode ter *insights* realmente diferentes advindos das suas atividades, sejam elas análises, pesquisas, entrevistas, observações ou experimentos, mas reforça a necessidade de você ter extremo cuidado para realizá-las corretamente. Lembre que, em última instância, é o resultado das suas atividades que vai dizer onde estão os problemas e causas.

6. **Cuidado com o "problema único"**

    Sim, como falamos, em geral um número pequeno de problemas responde normalmente pela maior parte do resultado. Mas atenção: isso não quer dizer que existe um problema apenas para a sua situação indesejada. É um risco descobrirmos e comprovarmos um primeiro problema e pararmos por aí. Pode haver outros até mais importantes. Continue mergulhando. A mesma lógica vale para causas – um dado problema pode não ser explicado apenas por uma causa.

7. **Vá além dos números**

    Não é incomum que problemas de situações indesejadas sejam mais "*soft*" – falta de foco de uma área da empresa, resistência à mudança de um certo grupo de pessoas, problemas internos entre pessoas por interesses conflitantes, dentre outros exemplos. Certifique-se de investigar se parte da sua situação indesejada (ou toda ela!) não é explicada por fatores como esses.

8. **Não entre na *"paralysis by analysis"***
Sim, você precisa chegar à causa-raiz. Sim, isso pode levar algum tempo. Mas cuidado com o diagnóstico "infinito" – sempre há uma nova pergunta, uma nova atividade a ser realizada, um nova checagem para ser feita. Resultado: nunca se conclui o diagnóstico e, portanto, nunca se parte para a definição de planos para resolver a situação! Você não precisa de um diagnóstico "perfeito". Você precisa de um bom 80/20 que aponte as causas principais da sua situação, de forma que você possa desenvolver planos para resolvê-las, partindo para a ação.

9. **Evite desviar-se do diagnóstico e pular para planos**
Isso é muito comum acontecer. Já passei por isso como executivo (eu mesmo errando muito) e vejo isso frequentemente nos treinamentos que facilito. Por exemplo, quando os participantes estão fazendo um exercício de diagnóstico em equipes, passo ao lado deles para ouvir a discussão. Não raramente eles estão discutindo ideias de soluções, de planos para resolver a situação indesejada, mal tendo discutido os problemas/causas dela! Sugestão que sempre dou e que quem passa a usar adora: quando surgir uma ideia de plano numa reunião de diagnóstico, diga algo como "Bacana que já estão surgindo ideias de planos, mas o foco agora é entender os problemas/causas – vamos capturar aqui essa ideia e eventualmente outras que surgirem, para serem discutidas posteriormente".

10. Apresente os resultados de forma efetiva

O esforço de diagnóstico de uma situação comumente envolve várias pessoas, e o resultado dele pode ter que ser apresentado para outras tantas. Certifique-se de apresentar os resultados do diagnóstico de forma clara e sucinta: deixe claro qual deve ser o foco para resolver a situação (os problemas/causas) e como se chegou a essa conclusão. A diferença entre um diagnóstico bem-feito às vezes não está nele em si, mas na forma pela qual foi apresentado.

11. Exija entendimento dos problemas/causas antes de falar em planos

Eu me lembro bem do caso que aconteceu em uma das empresas onde trabalhei como executivo. Às vezes, conseguíamos alguma economia em nossa verba de *marketing* e decidíamos aplicá-la em planos de vendas. Então, ligávamos para alguns vendedores e perguntávamos a eles: Se você tivesse tantos reais a mais, o que faria para aumentar as vendas nos seus clientes? Fiz isso várias vezes. Havia um vendedor com quem sempre falávamos disso, pois ele atendia clientes importantes para nós. Depois da terceira ou quarta vez que pedimos isso a ele, notei que os planos dele eram sempre... os mesmos! Caso alguém perguntasse, ele tinha um "plano pronto padrão", que simplesmente ignorava qual era a situação de negócio específica daquele momento e os problemas/causas a serem resolvidos. Minha sugestão para você: não aceite discutir planos antes de discutir problemas/causas. No que talvez seja o melhor cenário, você vai conseguir planos certos para problemas errados. Crie uma cultura de fatos e dados. Exija de você mesmo e de quem trabalha com você um mergulho para conhecer o tamanho do *iceberg*.

* * *

Bom, eu continuo sem ver o seriado *House*. Mas também continuo achando a analogia do trabalho de um bom médico importante para fazermos acontecer. Se queremos resolver uma situação indesejada (um sintoma), precisamos encontrar os problemas/causas. Não podemos nunca tirar isso da nossa frente.

Agora você sabe onde você está (situação), aonde quer chegar (visão) e o que explica você estar na sua situação indesejável e não onde gostaria de estar (problemas/causas).

Agora é hora de definir o que fazer!

	Quadro-resumo: Problemas/causas
Definição	Problema é algo que explica por que você está na situação indesejada em que está, impedindo o atingimento da visão. Causa (ou causa-raiz) é a origem de um problema.
Importância	Situações indesejadas são sintomas — é necessário achar os problemas/causas que as explicam para poder resolvê-las.

Como fazer	1) Parta da situação e da visão.
	2) Estruture o diagnóstico:
	    Temas: Desagregue a situação nos temas que a compõem.
	    Perguntas: Defina as perguntas sim/não para cada tema.
	    Atividades: Defina as atividades necessárias para responder a cada pergunta (análises, entrevistas, pesquisas, observações, experimentos).
	3) Conduza as atividades e sintetize as conclusões, certificando-se de ter chegado às causas-raízes.

Erros comuns

Onde erramos no passo problemas/causas? Em essência, em duas grandes frentes, por variadas razões.

Não fazemos um diagnóstico causal. Sim! O erro mais comum aqui é simplesmente que não mergulhamos na situação, não entendemos os problemas/causas dela. Isso acontece por várias razões:

- **Cultura do "sair fazendo"**
  Líder ou empresa valoriza a ação e nem tanto o diagnóstico – o que é ineficiente, como discutido aqui.
- **Arrogância**
  Indivíduo ou equipe acha que "sabe tudo"; então, "vamos logo discutir o que fazer". Você talvez já tenha visto algo parecido.
- **Períodos prolongados de sucesso**
  Quando os resultados de forma geral estão satisfatórios, as pessoas tendem a (a) ignorar situações indesejadas e (b) achar que "está tudo bem".
- **Apego ao modelo mental atual**
  Se você não está aberto a ouvir e investigar, a tendência é que ignore evidências de problemas, apegando-se ao que acha que é certo, ao que está funcionando. Acontece normalmente até aparecer uma evidência de problema tão clara, tão forte, que as pessoas acabam "se rendendo" à situação indesejada. Por exemplo, a Cisco Systems, em 2011, perdeu 88% de valor de mercado, pois não "viu" que o crescimento de mercado que ela estava prevendo era fora da realidade, embora as evidências apontassem isso.
- **Medo de enfrentar a situação**
  Bem, às vezes, simplesmente não se quer enfrentar a situação indesejada. É o famoso "colocar debaixo do tapete". Um dos

melhores contraexemplos disso que já vi é o caso da Intel. A empresa, em 1985, estava fadada ao fracasso – estava, então, no negócio de *chips* de memória e sofria com a concorrência japonesa, que estava comoditizando o mercado. Ao enfrentar essa situação indesejada e diagnosticá-la dessa forma, o plano executado foi sair completamente desse negócio e entrar no de microprocessadores, o que se provou altamente lucrativo. Mas e se ela simplesmente tivesse se recusado a entender os problemas que enfrentava?

Até fazemos um diagnóstico causal, porém ele é malfeito. É o segundo grande erro. Não basta fazer um diagnóstico, é preciso que ele seja correto! Por que erramos aqui? Por razões diversas, dentre as quais destacamos:

- **Falta conhecimento**
  Falamos disso – se você não conhece a situação enfrentada, é difícil determinar os temas, as perguntas e as atividades de um bom diagnóstico.
- **Só percepção e achismo**
  Um clássico. Discutem-se os problemas e cada um dá a sua "opinião". Essa opinião muitas vezes é... bem, uma opinião, baseada tão somente em percepções, achismos. Veja que percepções são importantes, mas conduzir um diagnóstico (e o que dizer, uma empresa!) somente com base nelas parece, no mínimo, temerário. Uma das reuniões mais duras de negócios de que já participei foi a com um vice-presidente com quem eu nunca tinha trabalhado. A qualquer coisa que eu dizia, ele falava: "Com base no quê?". Acho que ouvi uns 17 "com base no quê?". Depois da reunião, ele veio falar comigo, sozinho.

Disse-me: "Jucá, eu gostei das suas recomendações, mas você vai perceber que eu sempre quero entender o racional das coisas com fatos e dados. E muitas pessoas nessa equipe ainda não entenderam isso, de forma que eu fazer continuamente essa pergunta passa uma mensagem importante para elas". Nunca me esqueci disso – especialmente em reuniões com ele!

- **Faltam atividades de qualidade para responder às perguntas**
Muitas vezes a situação foi bem desagregada, as perguntas fazem sentido, mas as atividades para responder a elas podem ser inadequadas ou insuficientes. Ou ainda: até podem estar conceitualmente corretas (está certo o que precisa ser feito), mas são executadas erroneamente (na hora de realizar a atividade em si, como uma entrevista, ela é feita de forma incorreta).

- **Falta envolver as pessoas certas**
Falamos disso, e esse é um erro bem comum. Um conhecido e excelente contraexemplo disso é a GE e o seu *management by living together*. Para situações indesejadas críticas, juntam-se todas as pessoas de diferentes funções diretamente envolvidas numa sala para trabalhar. O objetivo é chegar às causas da situação e definir um plano de ação. Isso garante que as diferentes perspectivas sejam ouvidas, aumentando as chances de as causas certas aparecerem.

- **Falta discussão transparente**
Fazer diagnósticos não é a coisa mais legal do mundo. Ele expõe problemas da organização. Muitas vezes, fica-se com receio de se discutirem certas coisas, porque "pode afetar esta ou aquela pessoa". Então, as discussões não são transparentes, não se discutem os problemas de forma profunda.

Para você refletir

Um diagnóstico efetivo pode levar tempo para ser concluído, a depender da complexidade da situação. Algumas pessoas podem afirmar que é melhor "partir logo para a ação" do que investir tempo investigando e entendendo a situação. Qual o seu ponto de vista sobre isso? Por quê?

_____
_____
_____
_____

Como fazer para que as pessoas aprendam a elaborar bons diagnósticos? O que você pode fazer para ajudá-las?

_____
_____
_____

Das últimas cinco situações indesejadas que você trabalhou para resolver, em quantas acha que chegou a um diagnóstico apropriado? Por que isso aconteceu? O que você poderia ter feito de diferente?

_____
_____
_____
_____

Para você exercitar

Escolha uma situação atual indesejada que você está enfrentando no momento e tente estruturá-la usando o modelo discutido. Se possível, leve para a empresa e tente aplicar o modelo com todos os envolvidos.

_____
_____
_____
_____
_____
_____

Escolha um colega de trabalho seu e procure explicar para ele o modelo de diagnóstico. Procure abordar o objetivo do modelo, sua importância, como funciona e erros comuns.

_____
_____
_____
_____
_____
_____

PASSO 3:
O que fazer?

GUIA DA PIRÂMIDE DO FAZER ACONTECER
Ações-chave de cada passo

- PASSO 1: ONDE ESTAMOS E AONDE QUEREMOS CHEGAR?

- PASSO 2: POR QUE NÃO ESTAMOS LÁ?

- **PASSO 3: O QUE FAZER?**
  - Metas
    - Definir as metas certas (conectadas com visão e problemas/causas, de forma Smart).
    - Construir as metas começando pelos fins e desdobrá-las.
    - Alocar os esforços em três tipos de meta (manter, progredir, saltar).
  - Planos
    - Estruturar os planos na forma 5W2H-AR.
    - Trabalhar em três tipos de plano (porta para fora, porta para dentro e modelo de negócio).
    - Divergir e convergir para criar planos fortes e práticos.
    - Padronizar planos contínuos em processos.
    - Construir e adaptar planos de forma flexível e consistente (liderança adaptativa).
  - Incentivos
    - Definir incentivos utilitários (mensuração, índice de atingimento, recompensa clara).
    - Definir incentivos psicológicos (desafios, autonomia, aprendizado, reconhecimento, propósito).

- PASSO 4: ESTAMOS FAZENDO?

- PASSO 5: CHEGAMOS? AJUSTES SÃO NECESSÁRIOS?

Metas:

IMAGINE UM JOGO DE FUTEBOL — SÓ QUE SEM AS TRAVES

Ah, finalmente chegou a terça-feira novamente, dia de bater uma bola com os amigos. São quase 21 horas, e o jogo está para começar.

Você está no vestiário. Tira a roupa do trabalho, calça o meião, a chuteira, a bermuda e a camiseta. Seus amigos estão fazendo a mesma coisa, de forma que o papo engata sobre como foram as coisas do fim de semana. Esse é um momento que você curte — os preparativos, a conversa com os colegas de futebol.

Então, vocês entram em campo, começam a fazer um aquecimento rápido, trocar uns passes, dar uns piques. O pessoal está com pressa e "fome de bola"; rapidamente vocês dividem todo mundo em dois times, e tudo está pronto para começar.

Exceto que...

Estranho. Você não tinha reparado, não sabe bem por quê, mas as traves que delimitam o gol não estão lá!

Ah, "já que estamos aqui", você pensa. Vamos bater uma bola. Tente imaginar a situação: um "monte de homem correndo atrás de uma bola"... sem um objetivo claro do que fazer com ela!

A pirâmide do fazer acontecer | 97

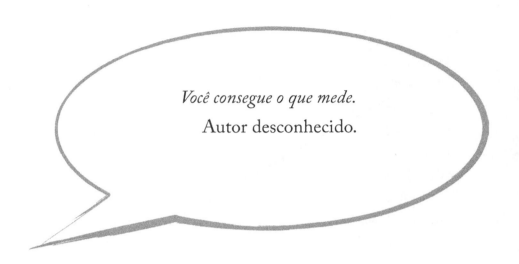

Você consegue o que mede.
Autor desconhecido.

Tente mesmo imaginar essa situação absurda...
Não é esquisito? Falta uma meta!
Pois é...
O problema é que também nas empresas é muito comum que se trabalhe sem metas claramente estabelecidas. Mas, se não sei o que especificamente quero atingir, em que focar o meu dia a dia? Deveria ser tão estranho quanto jogar futebol sem o gol!

Conceito e importância

No futebol, a meta é fazer gol e ganhar o jogo. Bom, talvez não para o Parreira, que uma vez teria dito que o gol "é um detalhe".

Nas empresas, meta é o resultado a ser atingido!

A definição de metas tem um valor inestimável para uma organização, essencialmente por três razões:

1. foco;
2. responsabilização;
3. acompanhamento.

Falemos um pouco de cada um desses três pontos.

1. Foco

Primeiramente, se bem-definidas, as metas tornam tangíveis as prioridades das pessoas, que podem, então, desenhar o que precisa ser feito para atingi-las (os planos, de que falaremos na sequência).

Suponha que você trabalha numa pequena consultoria e tem recebido *feedbacks* de alguns clientes, segundo os quais os projetos não estão indo bem, e eles estão desapontados – essa é a situação indesejada. Você pode criar, então, uma visão – "encantar os clientes". Ela é audaciosa (não é fácil encantar um cliente!), desejável (quem não quer ter clientes encantados?) e muito clara. Se, porém, não for traduzida em metas específicas, mensuráveis, é muito provável que se torne só fumaça intelectual, devaneio estéril. Você precisa estabelecer os critérios de sucesso, deixando explícito que trabalhar nessa situação indesejada é uma prioridade. E isso se faz por meio de metas.

Ainda relacionado ao tema foco, as metas oficializam a expectativa de desempenho, ajudando a criar um relacionamento de trabalho "sem surpresas" – cada pessoa sabe desde o começo o que se espera dela, em termos inequívocos. As pessoas, então, conhecendo as expectativas, podem focar o trabalho em entregá-las, em vez de tentar "descobrir o que está na cabeça do chefe". As metas, nesse sentido, representam ao líder uma ferramenta fundamental de gestão e desenvolvimento de pessoas.

Um líder não deve supor que as pessoas entendem o que se espera delas, e sim coconstruir e concordar nisso de maneira explícita, por meio de metas. Já foi evidenciado, em diversas pesquisas, que os seres humanos ajustam o seu comportamento, tendo como base a forma pela qual são avaliados. O que você medir energizará a pessoa a otimizar o seu resultado naquela meta. Como resume a famosa frase, de autoria desconhecida, "você consegue o que mede".

Ao fazer isso, vale um alerta: avalie cuidadosamente a relação entre metas e comportamentos gerados.

Uma conhecida rede de pizzarias internacional colocou como meta entregar todos os pedidos em 30 minutos ou menos – o que era interessante do ponto de vista de satisfação de seus clientes. Só que, depois disso, descobriu que os funcionários estavam se envolvendo em acidentes graves, ferindo a si mesmos e a outras pessoas, em suas tentativas de bater a meta.

Uma empresa de *call center* determinou uma meta agressiva de produtividade dos atendentes, medida pelo número de ligações por hora atendidas. Não demorou para se notar que a qualidade da interação com o cliente caiu, à medida que os funcionários concentravam seus esforços na próxima chamada. Resultado: várias ligações atendidas, mas poucas reclamações resolvidas.

Portanto, cuidado! Algumas metas podem resultar em consequências indesejadas. Avalie o relacionamento entre a meta e o comportamento gerado, eventualmente ajustando a meta, ou a equilibrando por meio do acompanhamento de outras metas. Novamente, você consegue o que mede.

2. Responsabilização

Em segundo lugar, metas geram responsabilização individual e comprometimento, ajudando a evitar um problema clássico nas empresas – ninguém sabe quem é o responsável por determinado resultado. Como diz o ditado, cachorro sem dono morre de fome. E com dois donos também! Parece básico e óbvio, mas é um dos requisitos críticos para a capacidade de uma empresa fazer acontecer. Metas ajudam a construir um senso de dono nas pessoas.

3. Acompanhamento

Finalmente, metas permitem o próprio acompanhamento do negócio. Sem metas, não há gestão. Afinal, se não sabemos o que queremos atingir, como saber se estamos na direção certa? Como colocado anteriormente, metas aterrissam a visão, funcionando como instrumentos de medida confiáveis para checar o quanto de progresso se fez em direção a ela.

Como fazer na prática

Se metas são tão importantes assim, é essencial que saibamos trabalhar bem com elas.

Como fazer isso? Três princípios parecem fundamentais, de forma que os exploramos na sequência:

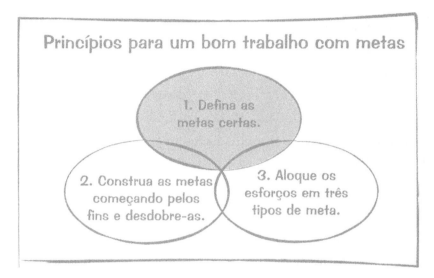

1. Defina as metas certas

Isso implica, antes de mais nada, que suas metas para determinada situação indesejada estejam diretamente conectadas com a visão (passo 1) e com os problemas/causas identificados (passo 2). Afinal, de nada adianta criarmos uma visão para uma situação indesejada, diagnosticarmos tal situação, entendendo os problemas e causas que a explicam, e depois não trabalharmos para resolvê-la. Nenhuma visão nem problemas/causas relevantes devem ser deixados sem metas correspondentes muito claras, de forma que se elimine a situação indesejada e se caminhe em direção à visão. Ponto.

Assim, vejamos um exemplo ilustrativo de situação indesejada trazido anteriormente: "Nosso nível de *turnover* está muito alto". Você poderia ter criado uma visão para essa situação, como, por exemplo, "reter os funcionários estratégicos".

Suponha que, ao diagnosticar essa situação, você tenha identificado dois problemas/causas por trás dela: remuneração não competitiva e falta de um plano de carreira.

Então, você deverá criar ao menos uma meta que aterrisse a visão – Como vamos medir "reter funcionários estratégicos"? Quanto queremos atingir? Para quando? Quem é o responsável? – e ao menos uma para cada problema/causa identificado.

Entendidas *quais* metas devemos definir, ou seja, metas para as visões e para os problemas/causas das situações indesejadas, a próxima pergunta é: *como* definir metas certas?

Uma ferramenta de grande valia aqui é a "famosa" Smart.

O problema com essa ferramenta? O que temos visto nos treinamentos que trabalhamos é que as pessoas "conhecem", ou "já ouviram falar", mas frequentemente não sabem exatamente o que significa na prática. Portanto, pouco usam no seu dia a dia.

Então, afinal de contas, como fazer uma meta Smart? O quadro a seguir resume o que é uma meta Smart, para na sequência explicarmos cada ponto. Vale ressaltar que, dependendo da fonte consultada, você pode achar diferentes conceitos para cada termo da sigla. A que se encontra abaixo é a mais comumente utilizada e, mais importante que isso, a que julgamos mais efetiva e prática.

S	M	A	R	T
Específica *(Specific)*	Mensurável *(Measurable)*	Atingível *(Achievable)*	Relevante *(Relevant)*	Com prazo *(Time-bounded)*
Tem **objetivo gerencial**? Qual o **valor** a ser atingido? Tem **dono**?	Tem o **indicador** certo definido? Indicador é **único**? É de **fácil coleta**?	É **desafiante**, mas **realista**?	*Para a empresa:* É **impactante**? Foi **alinhada**? *Para o responsável:* É **desafiante**? Gera **aprendizado**? É **capaz**?	Tem **prazo** claro?

1.1 Específica

Uma meta Smart é específica. Na prática, isso significa que ela deve deixar três coisas fundamentais muito claras:

- **Objetivo gerencial**

  A primeira coisa é o objetivo gerencial, que nada mais é do que aquilo que se quer atingir. Exemplos: aumentar as vendas ou melhorar a rentabilidade operacional.

- **Valor**

  O segundo ponto é o valor, que especifica o quanto do objetivo gerencial se quer atingir. Exemplo: aumentar as vendas em 15%, melhorar rentabilidade operacional em dois pontos porcentuais.

- **Dono**

  Finalmente, uma meta específica determina seu dono. Nesses exemplos, poderia ser o diretor de vendas, no caso da primeira meta; e o diretor financeiro, no caso da segunda.

Vale ressaltar que se pode definir para cada meta apenas um dono, o que facilita o processo de planejamento e cobrança em relação a ela, ou pode haver metas compartilhadas (uma meta com mais de um dono), caso especialmente aplicável para metas de resultados finais da empresa, de níveis hierárquicos seniores. Por exemplo, uma meta de receita anual de uma grande empresa pode ser compartilhada entre o presidente da empresa e o diretor de vendas.

1.2 Mensurável

Além de específica, uma meta precisa ser mensurável. Na prática, isso significa que o indicador deve ser:

- certo;
- único;
- de fácil coleta.

Vamos olhar cada um desses pontos.

1.2.1 Certo

Em primeiro lugar, uma meta precisa ter o indicador certo para o objetivo gerencial em questão. Voltemos ao exemplo do objetivo gerencial "melhorar a rentabilidade operacional". Um indicador possível aqui seria o Ebitda (ganhos antes de juros, impostos, depreciação e amortização, na sigla em inglês). No entanto, um indicador inadequado seria lucro líquido, pois o objetivo gerencial se refere à rentabilidade da *operação*, e o lucro líquido leva em consideração aspectos não operacionais, como nível de endividamento. Note, então, que o indicador lucro líquido não seria congruente com o objetivo gerencial em questão.

1.2.2 Único

Além de ter o indicador certo, tal indicador deve ser único, inequívoco. Vejamos este exemplo: reduzir os custos da fábrica X, diminuindo os estoques em 20%. Muito bem, aqui temos um objetivo gerencial – reduzir os custos da fábrica X – e o que *parece* ser um indicador – estoques. De fato, sabe-se que estoques representam um custo para uma empresa, de forma que é certo considerar estoques um indicador de custo.

Note, porém, que não fica claro a que tipo de estoque a meta se refere (De produtos finais? De insumos?), nem como se propõe a medir tal estoque (Em volume? Em dias de estoque? Em valor dos produtos estocados?). Essa meta, portanto, não definiu um indicador único, evidente. Qual o grande problema disso? O óbvio: cada pessoa pode olhar de um jeito para essa meta. Uma pessoa pode achar que o importante é reduzir 20% em valor, porque é isso que vai ajudar mais o caixa. Outra pode pensar que o crítico é reduzir 20% em volume, porque para ela o espaço de armazenagem é mais importante. E quem está certa? Ambas, porque a meta não deixa claro o indicador... e, portanto, não traz foco para o que deve ser feito!

1.2.3 De fácil coleta

Por último, mas não menos importante: uma meta mensurável define um indicador que pode ser coletado – idealmente de forma fácil. Lembro-me do caso de uma empresa de serviços que definiu uma meta cujo objetivo gerencial era "oferecer proposta de valor mais competitiva que o concorrente X". Para tal objetivo gerencial, definiu o seguinte indicador e valor: oferecer preço 5% mais barato que a empresa X para soluções iguais/similares.

O indicador está claro: o preço das minhas propostas para serviços iguais (ou muito similares) deve ser 5% mais barato que o do concorrente X. Mas como medir isso na prática? Conseguir os preços da concorrência, quando esses não são auditados por institutos de pesquisas, é tarefa inglória. Raros são os clientes que abrem essa informação. No fim, nesse caso, tal meta se provou inviável de ser gerenciada, simplesmente pela incapacidade de se coletarem as informações, ainda que o indicador fosse certo e único.

Então, pode-se desejar trabalhar com uma determinada meta, mas não ser fácil coletar as informações para mensurá-la depois. Nesse caso, deve-se ponderar a importância da meta em comparação com a dificuldade e o custo de obter as informações necessárias.

1.3 Atingível

Temos até agora explicados os conceitos de meta específica e mensurável. Na sequência, mostramos que uma meta também precisa ser atingível.

Aqui, o ponto central é o seguinte: os extremos são ruins. De um lado, uma meta com valor claramente impossível de ser atingido gera desânimo. De outro lado, uma meta muito fácil em geral não é motivadora, além de não resultar, ainda que atingida, em melhoria significativa para a empresa. A chave está em achar um meio-termo: uma meta que seja desafiante sim, mas realista, factível de ser batida.

Lembro-me de um momento em determinada empresa onde trabalhei cuja meta do ano de vendas de uma categoria era tão agressiva que, em março, já sabíamos que não a atingiríamos. Era ruim para todos os envolvidos: para o time que trabalhava na categoria, que sabia que, não importava o que fizessem, não chegariam à meta; para o conselho da empresa, que continuava cobrando, embora eles mesmos soubessem ser impossível chegar lá. Perdia-se muito mais tempo discutindo a meta em si do que fazendo planos para melhorar os resultados.

Como definir uma meta ao mesmo tempo desafiante, mas realista? Não há fórmula mágica. Um caminho interessante é buscar determinar a lacuna existente entre o seu estado atual e alguma referência válida, para, em seguida, determinar o valor a ser atingido como um porcentual dessa lacuna, trabalho esse que pode ter se iniciado no passo 1, ao se entender o tamanho da situação.

Existem três grandes formas de definir uma referência:

Benchmarks externos	A referência pode ser, por exemplo, um *benchmark* da indústria, ou seja, alguma empresa que sabidamente é reconhecida por trabalhar bem o determinado indicador da meta em questão. Nem sempre esse caminho é possível, pela dificuldade de se conseguirem informações de outras empresas.
Benchmarks internos	Outra possibilidade, então, é olhar "para dentro" – comparar na própria empresa referências de diferentes países, áreas, funções, pessoas. Por exemplo, para determinar uma meta de números de lojas a serem visitadas por dia por vendedor, você pode buscar as melhores referências na própria empresa.
Valor ideal teórico	Finalmente, um terceiro caminho possível é determinar a referência como um número ideal teórico, na linha do "zero defeito" ou "zero atraso".

Determinada a lacuna, então, conforme comentado, o passo seguinte é definir que porcentual da lacuna será o valor a ser atingido no curto prazo – em geral, as metas são mais comumente trabalhadas em prazos anuais. Lembrando: tal valor deve ser desafiante, mas realista. E o porcentual da lacuna deve ir se reduzindo ano a ano, conforme se progride em direção à melhor referência existente.

Mas e se alguma condição de mercado muda drasticamente, a exemplo do câmbio, tornando a meta na prática quase impossível? O que fazer? Devemos logo ajustar a meta para baixo?

Penso que não. Se não por outra razão, pelo fato de que, ao baixar uma meta, por melhores que sejam as justificativas para o caso específico em questão, logo todos na organização passarão a pensar que "as metas não são tão rígidas assim". Isso pode gerar um certo comodismo.

Minha sugestão? Discutir: o que podemos fazer de diferente, dado o novo cenário? Ou seja, busque novos planos, mais efetivos, fazer mais com menos, e parta novamente para a execução. Se, no final, isso ainda foi insuficiente, apesar do esforço e do sucesso dos novos planos, parece uma possibilidade interessante que o líder faça algum tipo de reconhecimento coletivo, ainda que o número tenha ficado abaixo da meta. Mas não mude a meta.

1.4 Relevante

Além de específica, mensurável e atingível, uma meta também precisa ser relevante, tanto para a *empresa* como para as *pessoas* que vão trabalhar na meta.

1.4.1 Relevante para a empresa

Ser relevante *para a empresa* significa que a meta tem duas características essenciais:

- **É impactante**
  Primeiramente, a meta, se atingida, vai ter impacto significativo nos resultados. Veja que essa é uma questão fundamental. A meta pode ter todos os outros componentes do Smart, mas, se for considerada "menor", pouco relevante para os resultados de uma pessoa/equipe/área/empresa, a atenção que ela receberá será provavelmente pequena. Ninguém vai falar nada quando ela for definida, mas na prática é natural que isso aconteça.
- **Foi alinhada**
  Além de impactante para o negócio, para ser considerada relevante, a meta deve estar também alinhada com todas as pessoas envolvidas com ela. Imagine uma meta de nível de serviço ao cliente, que impacta diversas áreas de uma empresa, como vendas, logística e atendimento ao cliente. Se uma dessas áreas não concorda com a meta, achando, por

exemplo, que o indicador não é o adequado, ou que o valor é inatingível, é improvável que se tenha o foco e o suporte necessários para trabalhar em tal meta.

Então, uma meta relevante para a empresa é aquela que é impactante para os resultados e foi alinhada com as pessoas-chave.

1.4.2 Relevante para o responsável

Ser relevante para a empresa não é suficiente. A meta também deve ser relevante para as *pessoas* que vão trabalhar na meta – em especial para o "dono" da meta!

Na prática, ser relevante para o responsável significa três fatores interligados:

- **A meta é desafiante**
  Idealmente, a meta precisa ser desafiante para as próprias pessoas que vão trabalhar na meta, alavancando o potencial delas e requerendo esforço significativo.
- **A meta gera aprendizado**
  A meta também deve gerar aprendizado, tendo conexões claras com os interesses e as oportunidades de desenvolvimento das pessoas envolvidas.
- **O dono é capaz de atingir a meta**
  As pessoas devem se sentir capazes de bater a meta; caso contrário, ela provavelmente terá efeito paralisante.

1.5 Prazo

Finalmente, para completarmos o Smart, a meta precisa ter um prazo definido. É algo óbvio, mas comumente esquecido. E o que não tem prazo é feito "quando der", se é que algum dia será feito. Então, não se esqueça deste ponto: metas precisam de prazos.

Portanto, defina metas para as visões e para os problemas/causas das situações indesejadas de forma Smart. Você terá dado um grande passo para fazer acontecer!

E como fica uma meta por escrito? Ela deriva do Smart, tendo cinco componentes bastante claros. Vejamos pelo exemplo a seguir.

Os cinco componentes de uma meta Smart por escrito.

Melhorar a rentabilidade do produto X, aumentando em cinco pontos porcentuais sua margem bruta até o fim do ano. Diretor de *marketing*.				
Objetivo gerencial Melhorar a rentabilidade do produto X	Indicador Margem bruta	Valor Aumentar cinco pontos porcentuais	Prazo Fim do ano	Responsável Diretor de *marketing*
Relevante para o negócio? **Relevante** para a pessoa?	Tem o **indicador** certo definido? Indicador é **único**? É de **fácil coleta**?	É **desafiante**, mas **realista**?	Tem **prazo** claro?	Tem **dono**?

Na primeira linha da tabela, temos um exemplo ilustrativo de meta. Quando uma meta está por escrito, ela tem cinco componentes bem claros: um objetivo gerencial, um indicador, um valor, um prazo e um responsável. Na linha seguinte, a meta ilustrativa foi, então, desmembrada nesses cinco componentes, para visualização.

Finalmente, além de ter esses cinco componentes, a meta precisa ter os demais componentes da ferramenta Smart. Assim, o objetivo gerencial precisa ser relevante para o negócio e para a pessoa; o indicador, além de existir, precisa ser o certo, único e de fácil coleta; o valor precisa ser desafiante, mas realista; o prazo precisa estar claramente definido; deve haver um responsável pela meta.

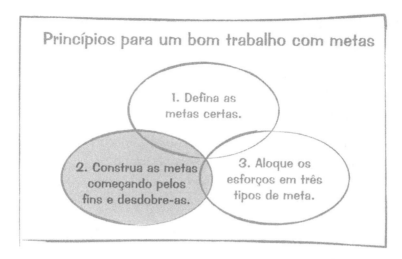

2. Construa as metas começando pelos fins e desdobre-as

Toda a discussão anterior é para avaliar uma meta qualquer em si mesma – se está certa no sentido de:

- estar conectada com uma visão ou problemas/causas;
- estar definida de forma Smart.

No entanto, todas as pessoas em uma empresa deveriam ter as suas próprias metas, e estas precisam estar integradas, de forma que, em conjunto, representem as prioridades da empresa para entregar os resultados desejados.

Então, por onde começar a definir as metas de uma empresa?

Uma forma muito efetiva é começar pelos fins.

Começar pelos fins significa, primeiramente, discutir quais são as grandes visões e os problemas/causas a serem endereçados para cada uma dessas frentes. Após isso, é preciso criar metas para tais visões e problemas/causas, que devem, então, ser desdobradas para toda a organização por meio de uma interligação causa-efeito. Ou seja, as metas da diretoria devem ser tais que, se atingidas, terão efeito positivo

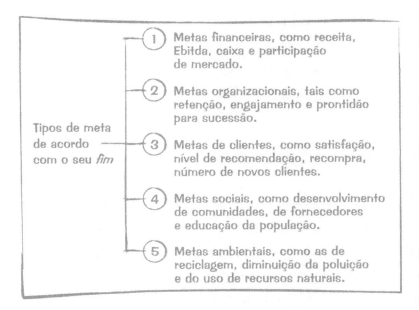

nas metas da presidência; o mesmo se aplica às metas dos gerentes em relação à diretoria, e assim por diante.

As metas finais de uma organização são comumente estruturadas em cinco dimensões, conforme esquema acima.

3. Aloque os esforços em três tipos de meta

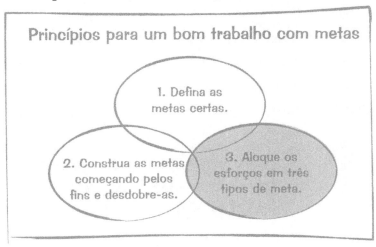

Vimos que metas podem ser categorizadas, quanto ao seu *fim*, em metas financeiras, organizacionais, de clientes, sociais e ambientais.

Outra categorização de tipos de meta muito útil é conforme o *nível de desafio* que a meta impõe. Essa categorização define três tipos de meta:

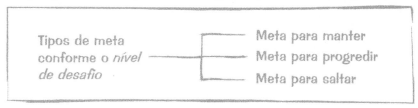

Cada tipo de meta tem um papel fundamental na construção dos resultados de uma empresa, tanto presentes como futuros. Construir uma boa composição de metas entre os três tipos nos parece, portanto, essencial para se obterem resultados sustentáveis em uma organização.

3.1 Meta para manter

O primeiro tipo é a "meta para manter". Como o nome sugere, aqui os resultados já estão em um nível em que buscar melhorias não é o melhor uso dos recursos de uma empresa – simplesmente mantê-los em seu nível atual é mais indicado.

O cuidado a ser tomado é não "esquecermos" a importância dessas metas e focarmos apenas os demais tipos, a seguir explicados. O resultado provável disso são falhas na operação existente, em coisas que "funcionavam direito, mas, não se sabe por quê, deixaram de funcionar". Explicitar as metas para manter críticas ajuda a evitar que isso aconteça.

> Metas para manter são **importantes** para manter a **OPERAÇÃO ATUAL SAUDÁVEL.**

Suponha que o nível de distribuição de uma determinada marca está em 97%. Talvez esse indicador seja um candidato a uma meta para manter. O número já é muito forte; conseguir os três pontos porcentuais adicionais para se chegar a 100% pode trazer um resultado incremental para a marca (em vendas, lucros, participação de mercado) que não seja suficiente para pagar os recursos exigidos (dinheiro, tempo, pessoas) para se atingir tal feito.

3.2 Meta para progredir

O segundo tipo de meta é a "meta para progredir". Ela pode surgir de uma situação para resolver (resultados atuais insatisfatórios) ou de uma situação para melhorar (resultados satisfatórios, mas há oportunidades de torná-los ainda melhores). De qualquer maneira, seja porque os resultados atuais estão ruins, seja porque podem ser melhorados, queremos evoluir para números mais fortes; por isso, o nome "meta para progredir".

Um dos nossos clientes, por exemplo, trabalha com um dos indicadores do nível de atendimento ao cliente, o TLS – tempo entre ligação e solução. Aqui, está sendo medido o tempo que a empresa leva entre (a) receber uma ligação com uma reclamação de um cliente e (b) oferecer uma solução que o cliente considera satisfatória, resolvendo a questão. Suponha que você comece a medir isso na sua empresa, e o resultado médio seja de nove dias. Bem, talvez aqui você tenha uma meta para progredir.

É importante notar que uma meta para progredir surge de uma situação indesejada (passo 1). Uma vez atingida tal meta, e não sendo útil progredir ainda mais, pelas razões anteriormente explicadas, ela se torna uma meta para manter.

3.3 Meta para saltar

Existe um terceiro tipo de meta também importante. Gostamos de chamá-la de "meta para saltar".

Esse tipo de meta não surge necessariamente de situações indesejadas da operação atual. Veja que riscos e incertezas tornam impossível prever o futuro perfeitamente – inclusive o da sua empresa. Por mais bem-sucedida que a sua organização esteja hoje, isso não é garantia de que continuar a fazer as coisas do jeito que são feitas atualmente trará sucesso no futuro. Evite, portanto, a "inércia do sucesso", criando metas para:

- **Oportunidades disruptivas**
  Procure avaliar novas oportunidades em processos, produtos, serviços e até modelos de negócio por completo.
- **Riscos críticos**
  É relativamente comum uma empresa ter planos formulados para atacar oportunidades. Mas elas deveriam também endereçar cada risco crítico identificado, para mitigá-lo, o que pode ser tão ou mais importante.

Explorar *proativamente* oportunidades e riscos de forma disciplinada pode representar a diferença para uma empresa, em última instância, construir resultados sustentáveis e sobreviver no longo prazo.

> **Continuar** a fazer as coisas do jeito que são hoje **NÃO É GARANTIA** de sucesso futuro.

Quando o Google, por exemplo, compra uma empresa de satélite, outra que desenvolveu um termostato conectado por internet, diversas outras de robótica, uma com foco em pesquisas neurais, além de tantas outras empresas, entendo que ele está construindo o futuro por meio de metas para saltar. Imagino que ele tenha metas bastante claras também para a operação atual, como, por exemplo, a venda de *links* patrocinados, mas ele não está limitado a isso.

Metas para manter e progredir buscam *acertar um alvo definido*.

Metas para saltar buscam *pintar um alvo novo*.

Para trabalhar em metas para saltar, faça planejamentos periódicos de longo prazo, em vez apenas do incrementalismo típico de orçamentos anuais. Planejamentos de metas anuais são extremamente importantes, porém frequentemente tornam-se exercícios orçamentários incrementais e limitados, de curto prazo.

Além disso, fuja dos padrões atuais de pensamento, ampliando o escopo das análises, explorando novos potenciais caminhos e procurando por padrões desconhecidos.

É importante ressaltar que, aqui, a lógica do que é sucesso não é a mesma. Você não está falando de metas para operações rotineiras. O erro, e o aprendizado com o erro, deve ser valorizado. Falhar ao inovar (e não em operações rotineiras) proporciona novos e valiosos conhecimentos que podem ajudar uma empresa a saltar na frente da concorrência e garantir seu crescimento futuro. É claro que isso não significa "carta branca" para perder dinheiro e tempo à vontade – estabelecer fases de investimentos e realizar experimentos são ideias para, quando as falhas ocorrerem, serem mais baratas e rápidas. Mas, especialmente quando tratamos de metas para saltar, permita que as pessoas errem, encoraje experimentos não usuais e valorize o aprendizado, reduzindo o medo de fracassar.

> Metas para **manter** e **progredir** buscam acertar um **ALVO DEFINIDO**.
> Metas para **saltar** buscam pintar um **ALVO NOVO**.

* * *

Um jogo de futebol sem as traves – estranho!

Uma empresa sem metas claras para as pessoas – tão estranho quanto!

As metas vão trazer foco, responsabilização e controle do negócio.

Então, trabalhe bem as metas, definindo as metas certas (Smart), começando pelos fins e alocando bem os recursos em metas para manter, melhorar e saltar.

Quadro-resumo: Metas	
Definição	O resultado a ser atingido.
Importância	• **Foco**. Metas tornam tangíveis as prioridades das pessoas e oficializam a expectativa de desempenho. • **Responsabilização**. Metas geram responsabilização individual e comprometimento. • **Acompanhamento**. Metas permitem o próprio acompanhamento do negócio – sem metas, não há gestão.
Como fazer	• **Defina as metas certas.** Quais metas: Para cada situação indesejada, defina metas conectadas com a visão (passo 1) e problemas/causas (passo 2). Como definir as metas: Ferramenta Smart. • **Construa as metas começando pelos fins e desdobre-as.** Grandes visões e problemas/causas a serem endereçados para as frentes financeira, organizacional, de clientes, social e ambiental. • **Aloque os esforços em três tipos de meta.** Para manter, para progredir e para saltar.

Erros comuns

São muitos os erros que podem ser cometidos quando trabalhamos com metas. Veja, a seguir, alguns dos mais comuns.

- **Atividades *versus* resultados**
Cuidado para não definir metas que são, na verdade, apenas atividades. Exemplo: não deveria ser uma meta "administrar as reclamações de clientes". Isso é uma atividade. Algo na direção de "reduzir a perda de clientes por reclamações em 15%" tem mais valor como meta. Outro exemplo: "Reunir-se semanalmente com a área de pesquisa e desenvolvimento para discutir novos produtos". Novamente, é uma atividade. A pessoa pode fazer as reuniões semanais, meta batida, e nenhum novo produto sair disso. Uma meta na linha "lançar dois novos produtos neste ano" já é mais concreta. Talvez as reuniões semanais sejam uma das *ações* a serem feitas para se atingir a meta, mas não, definitivamente, a meta em si.
- **Valores impossíveis**
Lembre-se do critério "atingível" do Smart. Sua meta deve ser desafiante, mas não claramente impossível em termos de valor ou prazo. Metas impossíveis tendem a desmotivar as pessoas, por razões óbvias.
- **Indicadores inadequados**
Cuidado: você tende a conseguir o que mede! Uma empresa tinha diversas metas para os vendedores, e uma delas era, é claro, o volume de vendas no mês. Acontece que, se um vendedor vendesse exatamente a meta, ele ganhava "1 ponto", que no final entrava em uma composição com as demais metas, tornando-se um índice único por vendedor. Se um outro vendesse 130% da meta, ele ganhava... também 1 ponto! Ou seja, não havia estímulo

nenhum para vender mais que a meta! Aliás, pelo contrário, se um vendedor vendesse muito mais num determinado mês, ele poderia ter dificuldade de atingir a meta no mês seguinte, pois esta *não* era ajustada, e o produto talvez não tivesse girado como ele planejava. Resultado: os vendedores "administravam" os resultados, buscando vender apenas a meta, e nada mais!

- **Operacionalização do indicador discutível**

Isso acontece, em essência, de duas formas. A primeira ocorre quando temos indicadores vagos. Por exemplo: um indicador não pode ser "margem de lucro". Está vago. A que margem se está fazendo referência? Bruta? Líquida? Ainda assim, mesmo se especificada, como, por exemplo, "margem líquida", não é incomum empresas terem formas diferentes de calcular a margem líquida. Se esse for o caso, deve estar indicado na meta qual a forma de cálculo específica. A segunda forma acontece quando a coleta do indicador é muito difícil. O exemplo discutido anteriormente da empresa que queria medir o seu preço em relação ao da concorrência é bem ilustrativo. Cuidado com indicadores que depois, na prática, não conseguem ser gerenciados por falta de informação. As metas precisam ser baseadas em dados que se consegue coletar com precisão, confiabilidade, custos e prazos adequados.

- **Muitas metas**

Foco – essa é uma palavra-chave. É difícil ter foco se uma pessoa tem 15 metas grandes e muito diferentes para entregar em um ano. Não há uma regra engessada aqui, mas algo na linha de cinco metas por pessoa, desafiantes e relevantes para o negócio, tende a funcionar muito bem. É possível, nesse contexto, você ter mais de um indicador para determinado objetivo gerencial. Exemplo: melhorar a imagem da marca (objetivo gerencial); avaliação de percepção e índice de recompra (indicadores, para os quais se determinariam valores, prazos e responsáveis). Mas, aqui também, cuidado para não "abraçar o mundo", colocando muitos indicadores. O último ponto importante é que o fato de uma pessoa ter cinco metas não quer dizer, é claro, que essa pessoa só vá trabalhar, 100% do tempo, nessas metas. Nem tudo o que fazemos no nosso dia a dia precisa estar formalizado em metas. Mas o que, sim, está formalizado define as prioridades, nas quais a maior parte do tempo e do esforço da pessoa deve estar concentrada.

- **Falta alinhamento**

  As metas das pessoas devem ser integradas e coerentes. Se, por exemplo, um diretor de *marketing* tem uma meta de inovação, as pessoas abaixo dele devem ter metas diretamente desdobradas em função da meta do diretor. Dessa forma, se as pessoas abaixo dele batem essas metas, a dele também será atingida. Cuidado nesse alinhamento – ele é fundamental. Já vi casos em que uma linha de coordenadores batem as metas, mas o gerente logo acima não. Trata-se de um claro caso de desdobramento inadequado.

- **Metas "delargadas"**

  Já ouviu esse termo? Há líder que faz isso mesmo, isto é, "joga" as metas para os seus liderados. Não há qualquer discussão da importância delas, da relevância delas para o negócio e para a pessoa. "Afinal, manda quem pode, obedece quem tem juízo". Sim, a pessoa provavelmente vai trabalhar na meta, afinal, "o chefe pediu". No entanto, o envolvimento real dela com a meta vai ser muito menor do que se tivesse tido a chance de participar da construção da meta, ou se, ao menos, tivesse recebido uma explicação detalhada do líder sobre a meta.

- **Metas só financeiras**

  Um último erro comum: trabalhar metas apenas financeiras. Os mesmos princípios discutidos aqui também devem ser aplicados com seriedade para as outras dimensões de uma empresa: metas organizacionais, de clientes, sociais e ambientais.

Para você refletir

Considerando os conceitos de uma meta Smart – específico, mensurável, atingível, relevante e com prazo –, quais são os dois que você julga mais importantes? Por quê?

_____
_____
_____
_____

Qual a importância de uma empresa trabalhar não apenas metas financeiras, mas também organizacionais, de clientes, sociais e ambientais?

_____
_____
_____
_____

Por que é importante que um executivo tenha foco em seu trabalho? Como metas podem ajudar nisso?

_____
_____
_____
_____

■ **Para você exercitar**

Você tem metas no seu trabalho? Caso positivo, faça uma avaliação delas. Estão claramente conectadas com visões e problemas/causas das situações indesejadas? Estão definidas de forma Smart? São coerentes com as do seu líder? Envolvem outras dimensões da empresa, que não só a financeira? Caso você não tenha metas explicitamente formalizadas, procure desenvolvê-las seguindo o que foi discutido neste capítulo.

_____

_____

_____

Crie três novas metas para a área em que trabalha, para prioridades que você julga que deveriam ser trabalhadas, mas no momento não estão sendo. Se julgar apropriado, discuta tais metas com seu líder.

_____

_____

_____

Caso você tenha uma equipe, faça uma avaliação da integração das metas da sua equipe. Elas são claros desdobramentos das suas metas? Os valores são tais que, se atingidos, vão resultar no cumprimento das suas metas?

_____

_____

_____

Planos:
COMO CONSTRUIR PLANOS FORTES E QUE FUNCIONEM NA PRÁTICA

Talvez o caro leitor se lembre do programa humorístico "Casseta & Planeta".

Um dos quadros era sobre as "Organizações Tabajara", que criavam produtos (fictícios, obviamente) "revolucionários". Alguns eram realmente fantásticos, dava-se muita risada.

*Muito bem, inspirado nas Organizações Tabajara, eu criei o "*personal plan maker *Tabajara".*

É muito simples! Basta você escolher uma palavra qualquer da primeira, da segunda e da terceira coluna abaixo. Pronto! Você já tem uma linha do seu plano. Continue realizando o processo até chegar a um plano bem robusto!

Exemplo de plano: "Agregar iniciativas revolucionárias, enquanto exploramos funcionalidades superiores e geramos parcerias estratégicas".

Não fica bonito?

Agregar	Canais	Dinâmicas
Entregar	Tecnologias	Colaborativas
Cultivar	Infraestrutura	Impactantes
Engajar	Metodologias	Holísticas
Determinar	Conteúdos	Expansíveis
Melhorar	Funcionalidades	Inovadoras
Envolver	Iniciativas	Revolucionárias
Explorar	Métricas	Superiores
Facilitar	Redes	Escaláveis
Gerar	Parcerias	Sinérgicas
Crescer	Paradigmas	Visionárias
Inovar	Sistemas	Estratégicas

> *A menos que você traduza as grandes ideias em passos concretos para a ação, elas são inúteis.*
>
> Ram Charan

Pois é, guardadas as devidas proporções, às vezes tenho a impressão de que planos de empresas parecem saídos do *"personal plan maker* Tabajara". Palavras difíceis fazem tudo parecer muito bonito, chique até. Mas, na prática, não querem dizer muita coisa. Papel aceita tudo. Powerpoint também. A vida real não.

Conceito e importância

Não há segredo: definidas as metas, precisamos criar os planos para atingi-las. A meta é o *resultado* a ser atingido; o plano, a *forma* de buscar esse resultado.

Desse modo, todas as metas devem ter planos associados. Ponto. Uma meta sem plano significa que você sabe o resultado que quer entregar, mas não sabe como. Por sua vez, um plano sem meta mostra que você quer fazer algo, mas não sabe exatamente o que esperar disso. Nenhum dos dois casos faz sentido! Meta e plano devem andar sempre juntos.

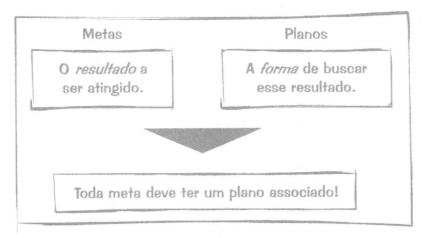

E por que planos são importantes? Achamos que a frase de Ram Charan diz muito sobre isso: "A menos que você traduza as grandes ideias em passos concretos para a ação, elas são inúteis". Um bom plano é fundamental – é ele que deve definir, na prática, o que *concretamente* vai ser feito pelas pessoas para resolver as causas de uma situação indesejada, batendo as metas e caminhando em direção à visão proposta.

Uma dificuldade grande, no entanto, está em criar planos que sejam ao mesmo tempo fortes e funcionem na prática. Então, passemos a discutir como fazer planos.

■ Como fazer na prática

Quatro questões são fundamentais quando elaboramos planos:

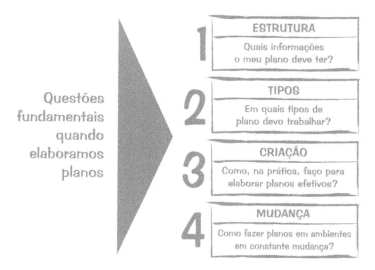

A seguir vamos, detalhadamente, ver cada uma dessas questões:

1. A estrutura de um plano: O 5W2H-AR

Se, por um lado, para criar metas, a ferramenta Smart é muito útil, por outro lado, para estruturar planos, a conhecida ferramenta 5W2H é extremamente válida.

A sigla, da mesma forma que o Smart, vem do inglês – mais especificamente, de sete perguntas que ajudam a estruturar muito bem um plano de ação, conforme o quadro a seguir.

Note que acrescentamos dois elementos (A e R), que acreditamos serem primordiais na criação de planos, e que não fazem parte da ferramenta "tradicional": premissas (de *assumptions*, no inglês) e riscos (*risks*). Dessa forma, nossa ferramenta torna-se a 5W2H-AR.

A ferramenta 5W2H-AR para desenvolver planos.

Elemento do 5W2H-AR	Papel na elaboração de um plano
O quê (*What*)?	Determinar as escolhas.
Por quê (*Why*)?	Justificar as escolhas.
Como (*How*)?	Especificar as ações concretas para executar o "o quê".
Quem (*Who*)?	Determinar as responsabilidades do plano.
Quando (*When*)?	Determinar os prazos para as ações concretas.
Onde (*Where*)?	Determinar os locais das ações (conforme aplicável).
Quanto (*How much*)?	Estimar os investimentos das ações (conforme aplicável).
Premissas (*Assumptions*)	Explicitar pontos do plano que aceitamos ser verdade ou certo que vão acontecer.
Riscos (*Risks*)	Identificar os possíveis eventos negativos, as probabilidades de estes acontecerem, o impacto que podem causar, bem como a forma de serem gerenciados.

Passemos rapidamente a explicar e ilustrar os elementos do 5W2H-AR.

1.1 O quê e por quê

Imagine o seguinte caso: você é o gerente de uma marca de bens de consumo não durável, como sabão em pó, fraldas ou xampu. A marca não está crescendo em vendas – e sua meta é crescer em 10% esse indicador (medida pela receita bruta em reais). Ao diagnosticar essa situação indesejada (passo 2), você descobre que uma das causas é uma percepção de valor ruim de grande parte dos seus consumidores-alvo. A famosa equação custo-benefício não está parecendo vantajosa para eles, quando comparada às alternativas existentes (ou seja, os seus competidores). Em outras palavras, boa parte dos consumidores que poderiam comprar a sua marca não o faz porque acha que ela "não vale o que custa".

Bem, existem diversas formas de atacar essa causa. Para citar apenas algumas: reduzir os preços da versão atual, buscando ou não redução dos custos, para não afetar as suas margens; manter o preço da versão atual, mas lançar outra versão da sua marca mais simples e barata; manter os preços e reforçar a comunicação dos seus benefícios, buscando diferenciá-los dos concorrentes; manter os preços e criar uma comunicação da sua proposta de valor (benefícios e preços), explicando para o consumidor por que ela é mais interessante que a dos concorrentes.

Supondo que essa fosse a lista a que você e seu time chegassem, qual das alternativas seguiriam? Esse é o *o quê* do plano. Ele define a(s) escolha(s) para se atacar a causa, e está totalmente conectado com o *por quê*, elemento seguinte do 5W2H-AR – o *o quê* define o caminho a ser tomado; o *por quê* justifica esse caminho, defende por que ele é o mais efetivo. Essa "dupla" inicial do 5W2H-AR é crítica! É nela que as prioridades de um plano são definidas, que vão ser detalhadas, na sequência, nos elementos seguintes do seu 5W2H-AR.

> O "o quê" define o **CAMINHO** a ser tomado; o "por quê" **JUSTIFICA ESSE CAMINHO.** Juntos, eles definem e fundamentam as **prioridades de um plano.**

Para fins ilustrativos, imagine que, no caso anterior, a seguinte decisão tenha sido tomada:

- **O quê**
  Manter os preços e criar uma comunicação da proposta de valor que melhore a percepção de valor em cinco pontos porcentuais.[1]
- **Por quê**
  Acredita-se que (1) a proposta de valor é mais forte que a concorrência, o que falta é comunicação sobre ela; (2) não se queira reduzir a margem bruta da marca, o que seria implicação direta da redução de preço, pois não há oportunidades de redução de custo no produto.

Veja que, sem aprofundar a discussão se foi a melhor escolha – para avaliar isso, precisaríamos de mais informações sobre o caso –, definiram-se claramente o *o quê* e o *por quê*: há um caminho, uma escolha clara do que fazer, e tal caminho foi justificado.

Muito bem, esses dois elementos, como falamos, são críticos, porém apenas iniciais. Agora é a hora de *detalhar* o plano!

1.2 Como

Detalhar o plano começa por definir *como* as coisas vão ser feitas.

Dentre as várias escolhas de *o quê* fazer, optou-se pelas seguintes ações: manter preços e criar uma comunicação da proposta de valor. Está certo, mas *como* fazer isso? De novo aqui, existem várias formas de executar esse *o quê* definido. Alguns exemplos são fazer uma nova

---

1. Existem pesquisas de mercado que medem indicadores como esse.

propaganda de 30 segundos; fazer um *merchandising* em programas de alta audiência; criar uma ação viral; criar novos materiais de loja. E aí, *como* você vai fazer? Novamente, temos escolhas a fazer, só que agora elas são mais específicas, precisam ser mais detalhadas. Em suma, o seu *como* precisa determinar de forma clara e específica que ações vão ser executadas para realizar o seu *o quê*.

Outra forma de pensar na relação entre o *o quê* e o *como* é a analogia com um trem. O *o quê* é onde vão ser colocados os trilhos; o *como* é fazer o trem funcionar bem e no horário, naquele determinado trilho!

> O "o quê" define o caminho; o "como" detalha as **AÇÕES** para que tal **caminho seja percorrido**.

Vamos supor que a escolha foi "fazer *merchandising* em programas de alta audiência". Note que você ainda precisaria detalhar várias coisas aqui para o seu *como* ficar de fato concreto. Em que mídia você vai fazer o *merchandising* (TV, rádio)? Em que programas? Qual o roteiro do *merchandising* (ou seja, o que vai ser falado/mostrado para o consumidor?) Quanto tempo ele vai durar? E assim por diante.

Ótimo, temos agora o *como*. É hora de prosseguir e finalizar o plano com os elementos seguintes do 5W2H-AR.

1.3 Quem

Primeiramente, defina claramente as responsabilidades para as ações. Em síntese, quem vai fazer o quê. É usual que um *o quê* gere vários *comos*, e uma responsabilização clara para cada ação é um dos principais pré-requisitos para um plano funcionar na prática.

No exemplo anterior, o seu *como* vai provavelmente envolver pessoas de vários departamentos da empresa (*marketing*, mídia, compras) e de fora dela (agência de propaganda, canal de mídia). Especificar exatamente *quem vai fazer cada ação* é indispensável para o seu plano funcionar na prática.

> **RESPONSABILIZAÇÃO CLARA** para cada ação é um dos principais pré-requisitos para um plano **funcionar na prática**.

Dica simples que faz diferença nesse ponto: ao determinar responsáveis por ações, coloque nomes únicos! Ações cuja responsabilidade é, para ilustrar, da "área de vendas", em geral não voam. Especifique: quem exatamente da área de vendas vai fazer isso? Cuidado também ao colocar mais de um nome – a responsabilidade é do "João e da Maria". Sempre que vejo isso, eu me lembro da bola dividida em jogo de vôlei... Costuma dar errado quando dois jogadores vão na mesma bola. E às vezes acontece de nenhum ir!

Ainda nesse ponto, é claro que algumas ações *de fato* podem ter de ser realizadas por várias pessoas. Imagine que uma empresa determine aumentar o preço de um de seus produtos e que, por política, ela, primeiro, avise os seus clientes com três meses de antecedência. Bom, nesse caso, todos os vendedores terão esta ação: avisar os clientes do aumento de preço. Então, na responsabilidade, deverá estar escrito "área de vendas". No entanto, ainda assim, se você quiser que isso realmente aconteça, você terá de acompanhar isso nome a nome.

1.4 Quando

Muito bem, agora que suas ações têm responsáveis, elas precisam de prazos. Ou seja, não basta especificar quem vai fazer, mas também para quando. Do contrário, o plano ficará "solto" e provavelmente não ocorrerá na velocidade necessária. Dessa forma, no caso discutido, você deveria elaborar um cronograma que especifique os prazos para cada uma das ações.

1.5 Onde

Adicionalmente, conforme apropriado, especifique o *onde* do seu plano – em que locais específicos ele vai ser executado. No caso discutido, talvez o *onde* seja todo o Brasil, ou quiçá apenas algumas regiões. Especificar isso é parte do plano.

1.6 Quanto

Finalmente, não menos importante é estimar bem os investimentos necessários do plano, buscando a forma mais eficiente de realizar as suas ações – o *quanto* do 5W2H-AR. Afinal, ninguém gosta de estourar orçamentos, e deve-se sempre buscar realizar as ações planejadas com a menor quantidade possível de recursos (tempo, dinheiro, pessoas), aumentando a produtividade da empresa.

Isso encerra a ferramenta 5W2H "tradicional". Mas, como ressaltamos, analisar as premissas e os riscos de um plano são outros dois aspectos fundamentais. Então, vamos a eles.

1.7 Premissas

Uma premissa é algo que aceitamos ser verdade ou certo que vai acontecer. Premissas de planos devem ser explicitadas e avaliadas – do contrário, podem passar "despercebidas" e gerar grandes problemas depois.

O caso do lançamento do parque da Disney em Paris é ilustrativo disso. Ao estimar as receitas do parque, projetou-se o número total de visitantes e quanto tempo eles ficariam em cada visita. Os cálculos foram baseados em população, clima, renda, dentre outros fatores. Com base nisso, chegou-se a um número de 11 milhões de visitantes por ano. Nos demais parques da Disney já abertos (Califórnia, Flórida e Tóquio), a média de tempo que as pessoas ficavam no parque era de três dias. Então, multiplicaram-se 11 milhões por três dias, de forma que se estimaram 33 milhões de "visitas" por ano.

Na prática, o que aconteceu? Eles tiveram mesmo 11 milhões de visitantes no primeiro ano.

Só que, na média, os visitantes ficaram apenas um dia, o que, é claro, representou gastos dos visitantes muito menores, reduzindo a receita da empresa severamente.

Por quê? Nos outros parques, a Disney tinha 45 atrações. O de Paris foi lançado com apenas 15. Simplesmente era possível fazer tudo em um dia só!

É provável que alguma pessoa da Disney, em algum momento do planejamento, tenha assumido uma premissa (talvez até de forma inconsciente), segundo a qual as pessoas ficariam o mesmo tempo no parque de Paris que nos demais parques... Essa premissa entrou no planejamento, nunca foi questionada e impactou fortemente os resultados nos anos iniciais do parque.

Portanto, cuidado com o que é assumido no plano! Cheque a consistência das premissas.

1.8 Riscos

1.8.1. Conceito

O que é risco, palavra que tanto usamos em empresas? Risco pode ser definido como a probabilidade de um evento acontecer, trazendo impactos negativos. Note que essa definição contém três conceitos interconectados importantes para se gerenciar risco:

- evento;
- probabilidade de o evento acontecer;
- impacto negativo do evento.

Vamos ilustrar cada um desses pontos.

Digamos que o plano de uma empresa de lançar um novo produto ofereça o seguinte risco: o competidor X baixar o preço dele em 10%. Note que esse é o *evento* – o que pode acontecer.

Uma boa análise de risco não para aqui; o ideal é estimar qual a *probabilidade* de o evento acontecer. Nesse caso, vamos supor que se investigou o padrão de reação em diversos momentos, quando concorrentes lançaram novos produtos, e se verificou que, em 80% dos casos, o competidor X baixou o preço dele na casa dos 10%. Trata-se de uma evidência que dá uma boa ideia da probabilidade de ele fazer a mesma coisa agora, com o seu lançamento.

Finalmente, deve-se estimar qual o *impacto* negativo no negócio caso o evento de fato se materialize. O que vai acontecer? As vendas vão ser menores? Não conseguiremos cadastrar o novo produto em todos os clientes? Essa parte é crítica, pois, na prática, interessa menos o evento em si e muito mais qual o impacto negativo dele no negócio.

1.8.2 Mapeando riscos em planos

Como mapear os riscos do seu plano? Duas ferramentas podem ajudar.

- **Reunião *pré-mortem***
  O conceito de reunião *pós-mortem* de um plano é relativamente conhecido. A ideia, em suma, é a seguinte: após um plano ser implementado, busca-se entender o que foi bem e o que não foi, aprender com isso e utilizar os aprendizados em planos futuros. É uma ótima ideia, porém tem um "pequeno" defeito... já foi! O que deu errado já aconteceu. Surgiu, então, o conceito de reunião *pré-mortem*. Aqui, após o plano estar pronto, *porém antes do início da sua execução,* as pessoas que o elaboraram se reúnem, e o líder do plano diz o seguinte: "Assumamos que estamos no futuro, e o projeto falhou. Por que isso aconteceu?". Note que esse é um exercício hipotético – colocar dessa forma é importante, pois, caso contrário, as pessoas tendem a ficar na defensiva; alguém pode pensar ou mesmo dizer algo parecido com "Como assim, você acha que o plano não vai dar certo? Você não acredita no plano?". Enfatize que, embora todos acreditem que o plano é bom e forte, pode ser que se tenham deixado escapar riscos importantes que podem atrapalhar o sucesso do plano; daí você querer fazer esse exercício.
- ***Brainstorming* de reações de competidores**
  Diz a lenda que, na Copa de 1958, o técnico da seleção brasileira definiu o seguinte "plano" para o jogador Garrincha: "Você dribla toda a defesa, vai até a linha de fundo e cruza para o Vavá marcar". Após ouvir isso, Garrincha teria perguntado: "Tudo bem, mas você combinou isso com os jogadores do outro

time?". Bem, um dos riscos que mais comumente ignoramos é... o que a concorrência vai fazer quando executarmos o nosso plano! Para que isso não aconteça, a melhor ferramenta que conheço é, tendo o plano pronto, fazer uma reunião específica e focada para discutir a seguinte questão: como os concorrentes podem reagir ao nosso plano? Chame um grande número de pessoas para a reunião, de variadas áreas – alguém de vendas é fundamental, por estar no campo e ver o que a concorrência faz a toda hora. Ao final da reunião, tente classificar as possíveis reações em quatro níveis de probabilidade: improvável, possível, provável e certo. Isso vai ajudar na hora de decidir o que fazer com os riscos mapeados.

1.8.3 O que fazer com os riscos

Tendo mapeado os diversos riscos de um plano – eventos, probabilidades e impactos –, o que fazer? Você pode ter quatro abordagens:

- **Estabelecer fases do plano**
  Para planos com riscos de probabilidade e impacto altos, e que adicionalmente requerem grandes investimentos, pode ser interessante não aprovar nem iniciar o plano completo, mas trabalhar com objetivos e investimentos intermediários. Para fazer isso, defina metas parciais que sirvam de acompanhamento à medida que você executa, aprende e ajusta o plano conforme necessário.
- **Mitigar os riscos no próprio plano**
  Outra alternativa, que pode ser trabalhada em conjunto com a anterior, para riscos identificados como de alta probabilidade e alto impacto no negócio, é ajustar o plano *desde já*,

imaginando que tais riscos vão se materializar – tornando-se, portanto, obstáculos para que o plano funcione. Em outras palavras, deve-se responder à seguinte pergunta: o que mais devemos incluir em nosso plano, considerando que os riscos X e Y vão se concretizar? Você está em busca aqui de elementos adicionais dos quais seu plano precisa, para que, na prática, ele ocorra como foi planejado, apesar dos riscos identificados.

- **Criar planos de contingência**
Para riscos de baixa/média probabilidade, por sua vez, em geral não é apropriado antecipar e colocar coisas no plano – porque fazer mais coisas vai exigir mais recursos (tempo, dinheiro, pessoas), e não faz sentido investir mais recursos desde já se a probabilidade de o risco se efetivar for baixa/média. Então, aqui você pode trabalhar em um *plano de contingência*, ou "plano B", que define o que será feito caso o risco se materialize; mas, até que isso de fato aconteça, a ação concreta é *monitorar* esse tipo de risco, só agindo caso ele na prática se substancialize. Deixar pronto ou bem-encaminhado o seu plano de contingência é interessante, pois isso tende a reduzir a afobação quando um risco previsto é concretizado, além de acelerar a implementação da reação. Dica: ao fazer planos de contingência, tenha certeza de que eles definam claros "gatilhos" (o que precisa acontecer para acionarmos o plano de contingência) e respectivas ações (o que concretamente faremos caso o gatilho de fato se materialize).

Esta é a ferramenta 5W2H-AR. Ela serve para você estruturar qualquer plano. Faça bom uso dela; isso, com certeza, vai ajudá-lo!

2. Os três tipos de plano: Porta para fora, porta para dentro e modelo de negócio

Questões fundamentais quando elaboramos planos

Se você é um analista em uma empresa brasileira de médio porte, dono de uma padaria, ou diretor em uma das 500 maiores empresas do mundo, não importa. Existem três tipos de plano para se trabalhar, que são discutidos a seguir.

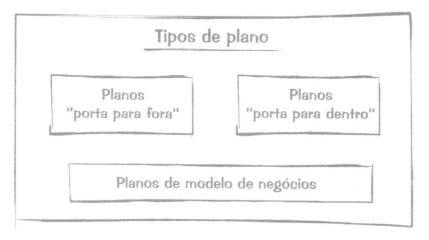

2.1. Planos porta para fora

O primeiro tipo de plano é o que gostamos de chamar de porta para fora. Planos porta para fora definem a estratégia da empresa, que em síntese significa definir três escolhas claras:

- Quais clientes serão o foco da empresa?
- Qual a proposta de valor para esses clientes?
- Como a empresa capturará valor?

2.1.1 Quais clientes serão o foco da empresa?

A primeira escolha é uma das mais importantes de uma empresa, seja ela de que tipo for. Assunto vasto, pode-se dizer que a essência desse trabalho está em identificar um grupo de potenciais clientes com necessidades que sejam relevantes para eles, e que atualmente não estejam sendo plenamente atendidas.

2.1.2 Qual a proposta de valor para esses clientes?

A segunda escolha também é crítica. Ela é materializada por meio de dois grupos de atividades interconectadas:

- **Criar valor**
  O primeiro grupo de atividades define como se vai criar valor para os clientes, determinando quais produtos e serviços vão ser oferecidos, e que tipo de comunicação para os clientes vai ser realizada (propagandas na TV, na internet, *marketing* direto etc.). Por exemplo, uma empresa como a Apple tem uma estratégia de produtos bem diferente de suas concorrentes – uma gama de produtos menor, e cada produto (como um MacBook Air) com um número relativamente pequeno de opções de configuração – em geral, quatro ou cinco opções.
- **Distribuir valor**
  O segundo grupo define como distribuir o valor criado para os clientes. Em síntese, está relacionado com as estratégias de canais de distribuição dos produtos e dos serviços criados. Por exemplo, a Natura distribui o valor de seus produtos principalmente por meio de suas consultoras, que estão espalhadas por todo o Brasil.

2.1.3 Como a empresa capturará valor?

Finalmente, a terceira escolha define como capturar valor. Em essência, estamos falando de precificação. Quanto vamos cobrar pelo valor que estamos criando? Quais modalidades de cobrança vamos usar? Quando uma TV a cabo tem diferentes "pacotes" de canais com preços (bem) diferentes, e ainda outras opções de programa *pay-per-view*, essa foi a forma que ela definiu para capturar valor. Quando empresas aéreas trabalham preços bastante diferentes de acordo com a antecedência com que você faz uma reserva, essa foi uma forma que ela definiu para capturar valor.

Note que o nome desse tipo de plano, "porta para fora" refere-se a planos diretamente ligados aos clientes (atuais e potenciais) de determinada empresa.

> Planos porta para fora definem a **ESTRATÉGIA** da empresa: que **clientes** focar, qual **proposta** de valor para tais clientes e como a empresa **capturará** valor.

2.2 Planos porta para dentro

O segundo tipo de plano é o porta para dentro. A diferença entre os dois tipos de plano é clara:

- **Estratégia**
  Planos porta para fora definem a *estratégia* – quais clientes focar, qual a proposta de valor e como capturar valor.

- **Operação**

    Planos porta para dentro definem a *operação* – tudo que a empresa faz para, na prática, entregar o valor prometido ao menor custo possível, capturando de fato o valor planejado.

Em essência, aqui nos referimos a planos que definem, em primeiro lugar, quais *recursos* serão necessários para entregar o valor. Recursos podem ser, por exemplo, dinheiro, ativos físicos, tecnologias, matérias-primas, fornecedores, parcerias, marcas.

Em segundo lugar, os planos definem como serão utilizados tais *recursos* (ou seja, os processos). Assim, por exemplo, uma máquina pode ser necessária para fabricar determinado componente de um produto, fornecedores X e Y serão utilizados para prover componentes que não serão fabricados internamente, será feita uma parceria com a empresa A para distribuir os produtos, a empresa de propaganda B será contratada para desenvolver a comunicação do produto etc.

Finalmente, como é natural de um bom plano, precisam estar claros os papéis e as responsabilidades das *pessoas*, que são quem, no final das contas, vai utilizar os recursos por meio dos processos definidos.

Em suma, então, planos porta para dentro definem o que é necessário (recursos), como tudo vai ser utilizado (processos) e por quem (pessoas), para a entrega da estratégia da empresa.

Repare que o nome desse tipo de plano, "porta para dentro", está ligado ao fato de não estarmos definindo novas coisas que afetem diretamente os clientes, mas sim "apenas" operacionalizando as escolhas já feitas anteriormente nos planos porta para fora.

É válido deixar claro que "porta para dentro" não quer dizer apenas dentro da própria empresa, mas também o trabalho com fornecedores, parceiros, intermediários etc. Por exemplo, mudar somente onde você armazena seus produtos buscando economia de custos, sem impactar o nível de serviço ao cliente, é um plano porta para dentro. Da mesma forma, qualificar um novo fornecedor de determinada matéria-prima, sem mudar em nada as especificações dela, e, portanto, sem afetar o produto final, também é um plano porta para dentro.

2.3 Planos de modelo de negócio

Muito bem, temos até agora planos porta para fora e porta para dentro. O terceiro tipo é o plano de modelo de negócio, e ele se refere simplesmente a planos que afetem de forma significativa e ao mesmo tempo elementos porta para fora (estratégia) e porta para dentro (operação).

Um exemplo fantástico disso? O *Internet Banking*. Ao mesmo tempo que trouxe, para muita gente, mais comodidade de poder fazer tarefas bancárias de casa (criação de valor para o cliente), também contribuiu para a redução de custos, ao fazer as pessoas irem menos frequentemente às agências (mudança drástica na entrega do valor). Esse é o tipo de plano que, quando bem-sucedido, pode trazer grandes resultados a uma empresa, pois busca ao mesmo tempo criar ou aumentar o valor percebido dos clientes, reduzindo o custo para a empresa da entrega desse valor.

Outro exemplo é o de uma seguradora americana. Sabe-se que o momento de um acidente de carro é algo, no mínimo, muito desagradável. Ainda que ninguém envolvido tenha se machucado – o que é uma excelente notícia –, o processo todo de lidar com o ocorrido pode ser difícil, até porque, comumente, estamos nervosos. O que essa seguradora passou a fazer? Assim que um cliente ligava para ela reportando um acidente, ela enviava um funcionário (de carro ou moto) para o local. Essa pessoa acalmava a vítima, já estimava o custo do acidente e, comumente, ali mesmo, dava um cheque para a pessoa efetuar o conserto.

Talvez você esteja pensando: "Que excelente atendimento! Mas isso é só porta para fora, certo?". Não exatamente. Na verdade, esse processo, além de representar um excelente atendimento, reduziu drasticamente os custos com fraudes. Afinal, um funcionário da empresa estava ali, no momento do sinistro, vendo exatamente o que tinha acontecido. Tal economia mais que compensou o custo adicional de enviar os funcionários para o local do acidente. Ou seja, trata-se de um plano que mudou tanto a estratégia quanto a operação da empresa.

3. Como elaborar o plano: Divergir e convergir

Até agora entendemos qual deve ser a estrutura ideal de um plano (5W2H-AR) e em quais tipos de plano devemos trabalhar (porta para fora, para dentro e de modelo de negócio).

Mas como, na prática, elaborar um plano? Em essência, elaborar um plano passa por duas grandes fases:

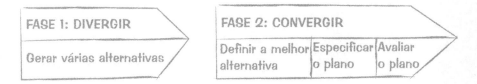

Vejamos o que significam essas fases e como fazê-las bem.

3.1 Divergir: Gerar várias alternativas

FASE 1: DIVERGIR — Gerar várias alternativas

FASE 2: CONVERGIR — Definir a melhor alternativa | Especificar o plano | Avaliar o plano

Você tem uma meta à sua frente. E aí, como chegar ao melhor plano possível para bater a meta?

Há uma grande oportunidade aqui nos planos que desenvolvemos. Muito comumente, pensamos somente em ideias que já fizemos ou vimos; aceitamos a primeira ideia que surge ou nos é dada – e ai de quem criticá-la! Focamos as barreiras e as limitações existentes (e, muitas vezes, inexistentes) para bater a meta; "reinventamos a roda", quando alguém já pensou em algo muito melhor que poderíamos usar.

Quem nunca cometeu algum desses erros, que levante a mão...

Como discutimos, ao explicar "o quê" e "por quê" do 5W2H-AR, o mais comum é que existam *vários* caminhos possíveis para buscar uma meta. Antes de definir um caminho específico, portanto, o ideal é que você crie diversas alternativas, de forma que maximize as chances de escolher a mais interessante para a meta em questão.

O ponto central é: gere alternativas!

Como fazer isso? Veja algumas dicas práticas.

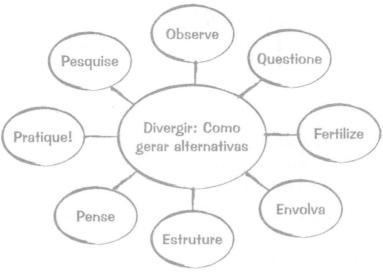

3.1.1 Pesquise

Alguém já deparou com o problema que você quer atacar? Alguém já resolveu?

Essas perguntas são simples e poderosas, e vejo que raramente as fazemos. Frequentemente, um problema que você precisa resolver já foi solucionado por alguém de fora da empresa; ou muitas vezes até por alguém de dentro da própria empresa – em outro departamento, unidade, ou país. Você é que não sabe!

Então, a primeira dica é que, antes de "quebrar a cabeça" pensando em alternativas, você faça uma pesquisa.

Na sua empresa, fale com alguns colegas e pergunte se alguém já trabalhou nisso de que você precisa. Peça indicações. Busque os aprendizados.

Fora da empresa, dê uma olhada na internet. Veja se há algum livro sobre o assunto. Veja se há especialistas. Veja se há amigos que possam ajudar ou indicar alguém. Veja se há fornecedores que tomariam um café contigo. Veja se há empresas não competidoras que topariam trocar informações.

> **ALGUÉM** já deparou com o **problema** que você quer atacar? Alguém já resolveu?

Em suma, busque, deliberadamente, formas de descobrir se pessoas já tiveram de enfrentar problema igual ou similar ao seu. Aprenda com elas – adaptando e trazendo alternativas para a sua realidade.

A Ambev é uma empresa mestra em fazer isso, como os seus fundadores fazem questão de dizer. Eles afirmam, por exemplo, que aprenderam a gerenciar bem custos com o Walmart – sabida referência no assunto, dada sua política de "preço baixo todo dia".

3.1.2 Observe

Muitas alternativas podem surgir simplesmente ao observar "como hoje a coisa funciona". Vá lá ver o problema *in loco*. Esteja próximo de onde a ação acontece.

Quando fui responsável pela categoria de cuidados com a roupa na P&G, o segmento de marcas baratas passou por um momento de alto crescimento. Como uma das formas de gerar alternativas para lidar com isso, fomos conversar com as consumidoras que passaram a usar essas marcas – mas não só conversar. A gente conversava enquanto as observava na lavagem das suas roupas com tais marcas. Como faziam? Por que mudaram? O que era diferente? Melhor? Pior? Dessa conversa associada à observação, saíram várias ideias de planos, e uma delas se tornou um produto que foi lançado com muito sucesso alguns meses depois.

3.1.3 Questione

Cuidado com bloqueios a novas ideias!

Atenção especial para frases como: "Já fizemos isso e não deu certo"; "Siga as normas sem questionar"; "Se ninguém fez é porque não deve ser um bom caminho". Elas representam obstáculos clássicos para se criarem novas alternativas.

Questione – não assuma que as coisas precisam ser do jeito que são.

Lembro-me de um líder com quem trabalhei que, sempre que precisava melhorar alguma área que, por qualquer motivo, estivesse impactando negativamente seus resultados, procurava o responsável do setor e dizia: "Desculpe-me, mas não conheço quase nada de (nome do assunto que ele queria melhorar). Você poderia me ajudar a entender?". À medida que a pessoa ia explicando, e ele entendendo, ele fazia uma série de perguntas (sim, várias mesmo), tais como: "Mas por que é assim?"; "Que evidências temos que essa é a melhor forma de fazer?"; "Já tentamos de algum outro jeito?"; "E se testássemos dessa outra forma, quais seriam os potenciais benefícios?"; "Quem mais poderia nos ajudar a pensar em outras formas para melhorar a situação atual?".

Quase sempre, de uma conversa como essa saíam alternativas de planos para melhorar os resultados atuais.

Outra forma bacana de questionar é forçar-se a fazer comparações "inusitadas". Digamos que você trabalhe com roupas e esteja desenhando um novo *layout* para sua loja. Você poderia perguntar: como a Apple (reconhecida por ter lojas de varejo muito bacanas e rentáveis) faria isso? Ou suponha que você trabalhe com turismo e queira melhorar a experiência que sua empresa oferece aos seus clientes. Você poderia questionar: como a Starbucks (sabidamente uma marca que trabalha muito bem a experiência de compra) faria isso?

3.1.4 Fertilize

Quando conhecemos assuntos diversos, somos capazes de fazer conexões não usuais muito criativas.

Não é à toa, por exemplo, que bons criativos de agências de propaganda são pessoas superconectadas, leem livros, revistas e *sites* variados, vão a diferentes eventos, teatros e exposições, participam de concursos e *workshops*, olham propaganda do mundo inteiro, conversam com pessoas de diferentes profissões. Eles poderiam muito bem não fazer isso e se concentrar apenas nas contas a que atendem, pesquisar somente sobre as categorias que trabalham, no país em que atuam etc. No entanto, isso não vai trazer os melhores resultados. É "fertilizando", buscando novos ares, que se consegue munição para enxergar as coisas de novos ângulos. Isso explica, até mesmo, o interesse de pessoas e empresas por aprendizados da filosofia, do esporte e da música aplicáveis à gestão.

Então, cuidado para não ficar focado 100% do tempo no dia a dia. Fertilize, veja coisas diferentes. Quando você menos esperar, isso vai ajudar a criar planos muito melhores.

3.1.5 Envolva

Esteja e trabalhe próximo das pessoas da sua empresa e também de clientes, fornecedores, parceiros e comunidades colaborativas.

É incrível a quantidade de perspectivas e ideias que estão ao nosso redor – e que muitas vezes ignoramos.

Ao nos aproximarmos das diversas pessoas da nossa empresa e, tão ou mais importante, das pessoas de fora dela, seremos alimentados o tempo todo por ideias e sugestões, por perguntas que ninguém fez, seremos surpreendidos com novos olhares sobre aquelas mesmas coisas com que nos acostumamos e pensamos "já ter visto de tudo".

Já vi empresa, por exemplo, fazer uma reunião de planejamento de inovação no fornecedor; ou estimular executivos a passarem meio período no *call center* da empresa, ouvindo o que os clientes dizem; ou convidar *experts* externos sobre determinado assunto para dar uma palestra para uma área. São várias as possibilidades. Não se feche. Envolva as pessoas e ouça o que elas têm a dizer.

3.1.6 Estruture

Para situações complexas, você pode ter de lidar com muitas alternativas diferentes, envolvendo várias dimensões distintas. Criar alternativas pode ser um exercício esgotante e quase "infinito" – quando você acha que tinha considerado tudo, alguém aparece com um "e se a gente fizesse tal coisa...".

Para esses casos, trabalhar com cenários pode ajudar. Construir cenários amplia o pensamento lógico, ao estimular as pessoas a fazer várias perguntas e avaliar uma ampla gama de alternativas.

Imagine que você seja um gerente de *marketing* e que tenha a meta de otimizar um portfólio que hoje possui sete marcas, vendidas no Brasil em diferentes regiões e canais, passando a atuar somente com três. Note que essa é uma situação não muito simples.

Para cada marca, você pode ter ao menos três ações distintas: continuar trabalhando com ela, vendê-la ou licenciá-la temporariamente para algum eventual interessado. Você pode atuar com essas marcas em todo o Brasil, ou apenas em algumas regiões (se, por exemplo, você conta com uma marca muito forte no Norte e Nordeste, talvez não queira se desfazer dela, mas pode restringir as vendas somente a essa região). Você pode trabalhar tais marcas em todos os canais de vendas, ou seletivamente em alguns canais específicos (uma marca mais barata, por exemplo, em que você não investe em *marketing*, poderia ser vendida somente por meio de atacadistas). E aí, como gerar as alternativas?

A primeira coisa a fazer é criar um "mapa" das dimensões em discussão e as respectivas alternativas:

Dimensões	Marcas	Ação	Regiões	Canais
Alternativas	A	Continuar	N/NE	Direto
	B			
	C			Distribuidores
	D	Vender	Demais regiões	
	E			Atacadistas
	F			
	G	Licenciar	Brasil	Todos os canais

Esse mapa é importante porque ele busca garantir que todas as opções que "estão na mesa" estejam identificadas. Agora, fica mais fácil criar alternativas, por meio da combinação de cada coluna. Por exemplo:

- Marca A – Continuar – Brasil – Todos os canais.
- Marca B – Continuar – N/NE – Atacadistas.
- Marca C – Continuar – Brasil – Direto.
- Marca D – Vender.
- E, F e G – Licenciar.

A combinação das diferentes alternativas, por sua vez, forma o seu cenário. No cenário anterior, vendemos a marca D e licenciamos as E, F e G. Mantemos apenas as A, B, C, em diferentes regiões e canais. Outros cenários poderiam sugerir alternativas diferentes, mantendo outras marcas, em outras combinações de regiões e canais, e assim por diante.

Uma dica importante é que, em geral, quatro a cinco cenários costumam ser suficientes para, virtualmente, qualquer situação. Cuidado para não construir uma gama muito ampla de cenários parecidos, dificultando a comparação entre eles e, por consequência, a decisão de qual seja mais interessante.

3.1.7 Pense

Seis reuniões só até a hora do almoço. Setenta *e-mails* na caixa de entrada para responder. Há aquela apresentação para daqui a três dias que você nem começou. Duas pessoas já passaram por sua mesa pedindo informações que você ficou de enviar.

A correria do dia a dia muitas vezes faz com que deixemos de lado, meio que empoeirado, um velho hábito muito importante... pensar!

Pergunte-se quantas vezes, no último mês, para algo importante que precisava de um plano de ação, você simplesmente parou tudo, por 15 minutos que fosse, colocou o celular no silencioso, fechou o *e-mail*, foi se sentar em algum lugar mais calmo e simplesmente pensou, 100% focado e consciente, no assunto.

Pois é... também tenho feito pouco isso. Mas não deveríamos.

Separar formalmente na sua agenda um "tempo para pensar" é uma forma útil de conseguir fazer isso. Já deixe reservado e crie uma autodisciplina para seguir o horário. Um tempo só seu. Para pensar, rabiscar, idealizar, estruturar ideias... Se você deixar, todo o seu tempo vai para reuniões, *e-mails* e apresentações. Elas são importantes, é claro, mas não substituem o hábito de pensar, de refletir com calma e profundidade sobre determinado assunto.

3.1.8 Pratique!

Uma última dica. Como qualquer habilidade, a capacidade de gerar alternativas pode ser desenvolvida. Pessoas não "nascem criativas". Antes de mais nada, não bloqueie a sua própria mente com pensamentos como "não sou criativo". Vá em frente e pratique todas as dicas anteriores: pesquise, observe, questione, fertilize, envolva, estruture, pense. Com certeza, sua capacidade de gerar alternativas vai ser cada vez melhor.

3.2 Convergir: Definir, especificar e avaliar a alternativa a seguir

Agora que você tem várias alternativas possíveis para atingir a meta, é hora de desenhar o plano final. Isso passa por fazer bem três coisas:

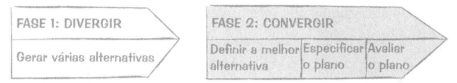

A seguir, explicaremos melhor esses três pontos.

3.2.1 Definir a melhor alternativa

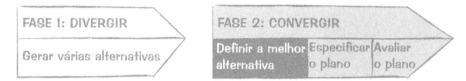

Se você gerou várias alternativas, como definir a melhor para bater a sua meta? Explicamos resumidamente algumas ferramentas que podem ajudar nessa tarefa.

- **PNI**

    Uma ferramenta clássica e muito utilizada no dia a dia das empresas, especialmente para metas e planos menos complexos. É uma simples avaliação de pontos positivos (P), negativos (N) e interessantes (I) de cada alternativa criada. Essa ferramenta permite avaliar as alternativas e decidir pela melhor, de forma mais simples e rápida. Adicionalmente, é interessante por expandir a percepção das pessoas, ao encorajá-las a que pensem nos pontos negativos das alternativas.

A ferramenta PNI

	Positivos	Negativos	Interessantes
Alternativa 1	...	...	...
Alternativa 2	...	...	...
...	...	...	...

- **Matriz complexidade *versus* impacto**
  Um subtipo do PNI muito comum foca dois vetores de avaliação ao comparar alternativas: complexidade de execução e potencial impacto no negócio. A ideia é priorizar planos de complexidade baixa e alto impacto – comumente chamados no dia a dia de organizações multinacionais de *quick wins* (ganhos rápidos); os planos de alto impacto, mas com alta complexidade, por sua vez, são divididos em fases conforme os recursos que exigem; os planos de baixo impacto são desconsiderados ou reavaliados, averiguando-se a possiblidade de torná-los mais impactantes.

A matriz complexidade *versus* impacto

	Complexidade (−)	Complexidade (+)
Impacto (+)	Ganhos rápidos	Estabelecer fases
Impacto (−)	Desconsiderar ou reavaliar	Desconsiderar ou reavaliar

- **Análise de *grid***

    Se você tem muitas alternativas, e muitos critérios a serem considerados para decidir qual a melhor, talvez valha a pena sofisticar um pouco a sua decisão. A análise de *grid* é uma boa alternativa. Vamos supor que você tenha uma meta de melhorar o serviço de entregas de seus produtos aos clientes – e várias alternativas de fornecedores que poderiam ajudá-lo com isso. Uma análise de *grid* é estruturada conforme a tabela a seguir. Em suma, são os seguintes passos: especificar os critérios de avaliação das alternativas (coluna 1); atribuir pesos para esses critérios, caso existam diferenças de importância (coluna 2); dar uma nota para cada alternativa, com base nas informações disponíveis e no melhor julgamento das pessoas envolvidas (demais colunas). A ponderação das notas pelos pesos resulta em uma avaliação final; a melhor nota é a melhor alternativa.

Critérios	Peso (%)	Fornecedor A	Fornecedor B	Fornecedor C
Custo	35%			
Velocidade	20%			
Capacidade	15%			
Confiabilidade	15%			
...	...			
Nota final				

- **Árvore de decisão**

    Há casos em que a construção de alternativas vai se desdobrando, conforme o caminho que escolhemos. Nesse tipo de situação, construir uma árvore de decisão pode ser útil. Imagine que você tenha a meta de aumentar a capacidade de produção da sua empresa. Um primeiro nível de alternativas poderia ser aumentar a capacidade própria, ou terceirizar a produção adicional necessária. Para a alternativa "aumentar a capacidade própria", pode existir um segundo nível de alternativas possíveis, como aumentar a capacidade em nossas fábricas atuais, ou construir uma nova fábrica. Para terceirizar, mais alternativas também. Você poderia terceirizar com seus fornecedores atuais, ou buscar novos fornecedores; e assim por diante. Então, desenhar uma árvore de decisão para estruturar as alternativas possíveis pode ajudar bastante a escolher a alternativa a ser seguida. Adicionalmente, para cada "caminho" da árvore, você pode apontar investimentos necessários e também associar essa ferramenta com o PNI, ou seja, elencar os pontos positivos, negativos e interessantes para cada caminho identificado.

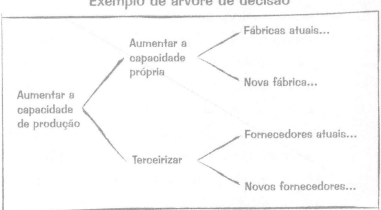

Exemplo de árvore de decisão

- **Pesquisas**
Note que tais ferramentas são destinadas, em essência, para você convergir no seu plano por meio de análises e discussões internas à empresa. No entanto, dependendo da importância, do risco e da dificuldade do que você queira resolver, talvez seja adequado avaliar as alternativas geradas por meio de uma pesquisa. Por exemplo, quando uma empresa de bens de consumo quis definir em quais materiais de loja ela ia investir

no ano (o que representava investimento de alguns milhões de reais), ela gerou as alternativas e fez um experimento, uma simulação. Ela colocou cada um desses materiais em uma loja diferente, mas todas as lojas com características parecidas, e avaliou qual trouxe mais resultado para o negócio (ajustando os resultados para fatores não controláveis por ela, como preço da concorrência). Isso trouxe muita confiança para todos os envolvidos de que estavam fazendo a coisa certa.

- **Testes de mercado**

    Essa costuma ser mais trabalhosa e custosa do que uma simples discussão para avaliar alternativas, mas possivelmente também a mais rica em aprendizados. Aqui, você não faz somente uma pesquisa – você busca avaliar a alternativa em condições reais; são os famosos testes de mercado. Assim, por exemplo, uma empresa que queira avaliar como vende um produto que ela pretenda lançar no Brasil inteiro pode optar por lançá-lo, primeiro, em alguma cidade ou região, avaliar os resultados, e, então, decidir o que fazer. Empresas de tecnologia usam muito esse caminho. Elas lançam versões "beta" de seus produtos/serviços, e aprendem e melhoram com os *feedbacks* de consumidores reais.

3.2.2 Especificar o plano para a alternativa escolhida

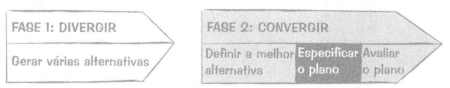

Uma vez escolhida uma alternativa, o seu plano deve ser escrito por meio de *um encadeamento lógico de ações concretas, cada uma gerando um produto final mensurável.*

> O seu plano deve ser escrito por meio de um encadeamento lógico de **AÇÕES CONCRETAS,** cada uma gerando um **produto final mensurável.**

Eu mal posso enfatizar a importância disso. Precisão semântica e concisão são chaves aqui. Pense muito, mas escreva pouco.

Vejamos o caso simplificado a seguir.

Nível lógico	Elemento	Descrição
1	Meta	Reduzir a rotatividade de funcionários em dez pontos porcentuais *versus* o ano anterior. Responsável: diretor de RH. Indicador: Número de funcionários que pediram demissão/ total de funcionários. Comparar fechamento do ano com ano anterior.

Lembre que fazemos planos para bater metas. Então, partimos da própria meta que, se foi determinada de forma Smart, é em si mesma uma ação concreta que gera um produto final mensurável. A ação concreta, nesse caso, é reduzir a rotatividade dos funcionários; e saberemos se isso foi atingido ou não porque determinamos um indicador, um valor e um prazo para que isso acontecesse.

Muito bem, agora temos que determinar o plano para atingir essa meta. Suponha que você tenha feito o diagnóstico da situação indesejada de rotatividade (passo 2 da pirâmide) e tenha identificado duas causas: remuneração não competitiva e falta de capacidade dos gestores em liderar pessoas.

Após criar algumas alternativas para lidar com essas causas (divergir), suponha que você definiu (convergir) que (a) de fato precisa rever o plano de remuneração atual e (b) são necessários treinamentos para formar os líderes da empresa.

Você precisa, então, especificar um "o quê" (do 5W2H-AR) para cada causa – de novo, uma ação concreta com produto final mensurável. Veja o caso:

Nível lógico	Elemento	Descrição	
1	Meta	Reduzir a rotatividade de funcionários em dez pontos porcentuais *versus* o ano anterior. Responsável: diretor de RH. Indicador: Número de funcionários que pediram demissão/ total de funcionários. Comparar fechamento do ano com ano anterior.	
2	O quê	Tornar a nossa política de remuneração igualmente competitiva à de mercado até julho.	Treinar todos os líderes da empresa em gestão de pessoas até maio.

Para a primeira causa, você determinou a seguinte ação concreta: "Tornar a nossa política de remuneração igualmente competitiva à de mercado até julho". Note que não estão escritos aqui coisas como "melhorar nossa remuneração", ou "fortalecer nossa capacidade de retenção". Isso é vago. Melhorar nossa remuneração? O que você quer dizer com isso? Melhorar o quê? Em quanto? Fortalecer nossa capacidade de retenção? Hein? O que é "capacidade de retenção"? Fortalecer exatamente o quê? O mesmo é válido para o outro "o quê" – ele é concreto, mensurável. Vamos conseguir saber se todos os líderes terão sido treinados até maio.

Ótimo, temos, então, definidos os dois "o quê" para atingir a meta. É hora, como visto anteriormente, de detalhar o "como"! Veja a seguir:

Nível lógico	Elemento	Descrição	
1	Meta	Reduzir a rotatividade de funcionários em 10 pontos porcentuais *versus* o ano anterior. Responsável: diretor de RH. Indicador: Número de funcionários que pediram demissão / total de funcionários. Comparar fechamento do ano com ano anterior.	
2	O quê	Tornar a nossa política de remuneração igualmente competitiva à de mercado até julho.	Treinar todos os líderes da empresa em gestão de pessoas até maio.
3	Como	• Comprar pesquisa de salários de fornecedor. • Comparar nossa política com empresas do mercado, identificando as lacunas. • Desenhar os ajustes necessários para eliminar as lacunas. • Aprovar os ajustes com os diretores da empresa. • Implementar as mudanças.	• Criar o *briefing* para fornecedores, com base em nossas necessidades. • Solicitar proposta de fornecedores. • Receber e comparar no mínimo três propostas. • Escolher um fornecedor. • Agendar todas as turmas. • Acompanhar a realização dos treinamentos.

Note que cada ação do como também tem um *produto final mensurável*; claro, não é toda ação que terá como produto final uma mensuração numérica; não importa, sempre haverá uma forma tangível de julgar se aquela ação foi ou não completada. Em "comprar pesquisa de salários do fornecedor", o produto final, nesse caso, é a compra em si.

Agora, perceba que o "como" tem um nível de granularidade muito grande. Ele é bem-detalhado, tangível. Isso é fundamental para que haja claridade posterior sobre o que exatamente precisa ser feito! Dica para saber se o seu "como" está detalhado o suficiente: cada ação não só tem um produto final mensurável, como também você consegue *visualizar uma pessoa fazendo de fato o que está escrito*. Veja a seguinte ação: solicitar propostas de fornecedores. É possível visualizar uma pessoa fazendo isso, ligando para os fornecedores, mandando um *e-mail* com o pedido etc. Compare com a seguinte "ação": estreitar parcerias estratégicas com os fornecedores. Você consegue entender o que é isso? É capaz de visualizar uma pessoa realizando na prática essa ação? É difícil. Então, a ação não está detalhada o suficiente. Também não está claro como vamos saber se a realizamos. E uma ação do "como" que não é mensurável e observável não serve para muita coisa.

> As ações do "como" do seu plano precisam ser **detalhadas**. Além de cada uma ter um produto final mensurável, você também deve ser capaz de **VISUALIZAR UMA PESSOA FAZENDO DE FATO O QUE ESTÁ ESCRITO.**

Para concluir, note, nesse caso, o encadeamento lógico de ações concretas, cada uma gerando um produto final observável. Há uma ação inicial (a meta); para bater a meta, foram definidas outras duas ações (o "o quê" do seu plano); para cada uma dessas duas ações, foram definidas outras, em nível mais detalhado, granular (o "como"), em que é possível visualizar uma pessoa fazendo o que está escrito.

Na sequência disso, é claro, você partiria para definir os demais elementos do 5W2H-AR, já discutidos anteriormente.

Assim você terá em mãos um plano claro, específico. Aliás, clareza e especificidade são fundamentais para que o plano de fato saia do papel e seja executado.

3.2.3 Avaliar o plano

FASE 1: DIVERGIR	FASE 2: CONVERGIR
Gerar várias alternativas	Definir a melhor alternativa | Especificar o plano | **Avaliar o plano**

Você divergiu, criando alternativas, e convergiu, fechando o seu plano em um 5W2H-AR. Agora, com o plano em mãos, é hora de fazer uma avaliação final para se certificar de que ele está adequado para bater a meta. Seis perguntas sobre o plano ajudam nesse momento.

É completo?	O plano ataca os problemas/causas mais críticos da situação indesejada (identificados no passo 2)?
É simples?	Ser completo não significa ser complexo, com múltiplos "o quê" e "comos" e dezenas de pessoas envolvidas. Planos desse tipo dificilmente são trazidos para a prática. Tenha foco e simplicidade – faça as coisas que realmente importam, que vão fazer a diferença, e deixe de lado o resto. Uma possível definição de simplicidade é: a quantidade de trabalho *não* feita. Faz todo o sentido!
É correto?	Vale refletir novamente. O plano é a forma mais indicada para atacar os problemas/causas identificados?
É suficiente?	Essa pergunta é diferente da anterior. Veja, ainda que você tenha definido o plano correto, você pode não estar investindo recursos suficientes nele. Suponha que uma marca de bens de consumo de massa com presença em todo o Brasil tenha um problema de falta de conhecimento. A empresa decide fazer uma propaganda – um caminho que pode ser considerado "correto". Investe, porém, muito pouco dinheiro nesse plano. Veja que o problema do plano não seria "você não deveria ter investido em propaganda" (correção), mas sim "investimos pouco em propaganda" (suficiência).
É executável?	Estimule as pessoas a fazer essa avaliação! Lembre-se de que, por melhores que sejam as nossas intenções, o papel aceita tudo. Avalie cuidadosamente a capacidade das pessoas de executarem de fato o plano. Há as competências necessárias? O tempo disponível? A motivação para tal?
O que tem que se provar verdade para isso funcionar?	Essa pergunta talvez seja a mais valiosa de todas! Ela ajuda a avaliar se um plano é de fato interessante ao forçar as pessoas a articularem o que precisa acontecer na prática para que a ideia seja bem-sucedida. Dessa análise saem tanto pontos críticos do plano – aqueles que não podemos errar – como eventuais obstáculos não identificados anteriormente para os quais temos de estar atentos.

A importância de processos: Planos padronizados

Se você tinha uma meta para melhorar, desenvolveu um plano para ela, atingiu o resultado almejado, e agora ela se tornou uma meta para manter, então você deve ser capaz de repetir o seu plano para continuamente entregar a meta. Em outras palavras, o seu plano deve transformar-se em um processo.

Processos nada mais são do que planos padronizados, repetidamente executados pela organização, para produzir um resultado desejado. Alguns dos mais comuns em empresas incluem processos de fabricação de produtos, de recrutamento e seleção de novos funcionários, de pagamento de fornecedores.

Processos são fundamentais para o sucesso de qualquer empresa, como são fundamentais para o passo 4 da pirâmide (agir). Pense o que aconteceria se, para cada coisa a ser feita, se discutisse um novo 5W2H-AR? Que enorme perda de produtividade, para dizer o mínimo! Imagine se, para cada reclamação de um cliente para uma empresa de telefonia, um grupo de pessoas se sentasse para discutir o que fazer com a reclamação... Não haveria tempo para mais nada! Na verdade, estabeleceram-se processos para isso – as pessoas já possuem orientações para o que fazer, a depender da situação em questão. Há 5W2H-ARs definidos.

Não reinvente a roda. Para metas para manter importantes, até aquelas mais simples mesmo, que, na realidade, nem são formalizadas como metas, sendo mais atividades (como entregar o relatório X todo mês; atualizar o orçamento até o dia 25; preparar a apresentação para o conselho todo trimestre), padronize o 5W2H-AR, com especial atenção ao "o que" vai ser feito, "como" vai ser feito, prazos, responsáveis e custos. Então, busque a execução consistente do processo no dia a dia, monitorando se a meta para manter está de fato sendo entregue de forma estável.

4. A liderança adaptativa: Planejamento flexível e consistente

Questões fundamentais quando elaboramos planos

4 — MUDANÇA
Como fazer planos em ambientes em constante mudança?

Charles Duell, que trabalhou no escritório de patentes e marcas nos Estados Unidos, disse: "Tudo o que poderia ser inventado, já foi".

Detalhe: ele disse isso em 1889...

Não importa o que estejamos planejando fazer e quão bons sejam nossos planos – não há como ter certeza de que vão dar certo.

Até o melhor planejamento é, por definição, impreciso, pois tudo muda de forma cada vez mais rápida e imprevisível. A média de número de anos em que uma empresa americana fica no S&P 500[2] é um bom indicador disso. Em 1935, o número era de 90 anos; em 1975, 30 anos; no começo de 2000, apenas 15 anos.

Bom, alguns poderiam pensar que, então, não vale a pena planejar, se as coisas mudam tão rápido...

No entanto, sem planejamento, não há foco que defina o que precisa ser feito.

O que fazer? A chave está em um planejamento que seja, *ao mesmo tempo*, flexível e consistente. Chamamos isso de liderança adaptativa. Veja o quadro.

---

2. Índice que inclui as 500 maiores empresas em variadas indústrias nos Estados Unidos, que perfazem 75% do mercado de ações americano.

Continuum da capacidade de adaptação.

	−		+
Mentalidade	Ficção da previsão Nada vai mudar. Sabemos o que vai mudar.	Liderança adaptativa Entregar o hoje. Preparar o amanhã.	"Confie na intuição" Tudo é imprevisível – para que planejar?
Operação	Rígida Focada no *status quo*. Passiva, não explora oportunidades nem riscos.	Flexível Planos focados para o negócio atual. Também investiga oportunidades e riscos.	Inconsistente Muda de direção a toda hora.
Implicação	"Cegueira" Não se defende de ameaças; não percebe oportunidades.	Maximiza valor Faz muito bem o negócio atual; explora novos caminhos lucrativos.	Ineficiência Nunca fica realmente boa em nada. Gera complexidade e conflitos.

Do lado esquerdo do quadro, temos um extremo: as pessoas e as empresas cuja mentalidade é "nada vai mudar"; ou, ainda pior, que "sabemos exatamente como as coisas vão evoluir no futuro" – fala normalmente acompanhada de certa arrogância e ar *blasé*. Essas pessoas e essas empresas vivem na "ficção da previsão", em que absolutamente tudo pode ser imaginado, previsto, quantificado.

A operação de empresas com essa mentalidade tende a ser rígida, centrada no *status quo*, na forma pela qual as coisas são feitas hoje. Passivas, não exploram proativamente novas oportunidades e novos riscos, pois acham que têm "tudo sob controle".

A implicação disso, comumente, é uma "cegueira" geral. Ameaças não previstas, ou desconsideradas, se materializam e afetam fortemente o negócio; oportunidades nem identificadas, ou simplesmente negligenciadas, são aproveitadas por competidores.

Você conhece o quadro. Não são poucas as empresas – muitas famosas e enormes – que simplesmente faliram por causa de uma mentalidade com essa. Kodak e Sears são exemplos.

Do lado direito do quadro, há o outro extremo. Aqui, as pessoas e as empresas têm grande capacidade de adaptação, porém uma mentalidade de "confiar na intuição", pois se tudo muda tão rápido e de forma tão imprevisível, para que planejar?

A operação dessas empresas, portanto, tende a ser muito inconsistente. O foco muda a toda hora. Pensar e planejar não existe – o negócio é "sair fazendo". Várias ações são tomadas ao mesmo tempo, muitas vezes desconectadas e até mesmo conflitantes entre si. Ninguém sabe ao certo qual o rumo que se está tomando.

O resultado? Ineficiência. A empresa dificilmente consegue ficar realmente boa em alguma coisa, pois está sempre mudando o que faz e como faz, sem falar na complexidade e nos potenciais conflitos internos, gerados pela falta de foco.

Entre esses dois extremos, há um *continuum* da capacidade de adaptação. Afirmamos que há um "meio do caminho", que é o mais indicado para trabalhar o planejamento. Esse meio do caminho é a liderança adaptativa. Nela, a mentalidade é a de trabalhar com metas e planos para entregar o hoje e, ao mesmo tempo, preparar o amanhã.

A operação é, portanto, flexível. Há planos claros (5W2H-AR) para entregar as metas de curto e médio prazos, mas também há a investigação de novas oportunidades para a empresa, bem como de riscos críticos ao negócio atual – lembre-se do conceito de metas para saltar.

A liderança adaptativa resulta, por sua vez, em maximização do valor criado e capturado pela empresa. Ela consegue fazer muito bem a sua operação vigente, ao mesmo tempo que explora e incorpora seletivamente novas oportunidades, bem como mitiga riscos.

* * *

Sem planos Tabajara!

Precisamos criar planos fortes e que funcionem na prática.

Quem não voa é limitado; quem não aterrissa é poeta. Que bela frase!

Tem uma meta para bater?

Voe. Vamos divergir, pensar em várias alternativas, fugir de planos pequenos, modestos, pobres.

Mas depois aterrisse. Não tenho nada contra os poetas – muito pelo contrário –, mas nas empresas precisamos de planos escritos por meio de um encadeamento lógico de ações concretas, cada uma gerando um produto final mensurável. Nada de planos vagos, abstratos, imprecisos. Clareza e especificidade são fundamentais.

	Quadro-resumo: Planos
Definição	• Plano é a forma de se atingir a meta.
Importância	• O plano define o que concretamente vai ser feito pelas pessoas para resolverem a situação indesejada, batendo as metas e caminhando em direção à visão proposta.

Como fazer	• Estruture o seu plano utilizando o **5W2H-AR**.
	• Defina três **tipos de plano**: Porta para fora, porta para dentro e de modelo de negócio.
	• **Para elaborar o plano:**
	  ▪ **Divergir**: Gere várias alternativas – Pesquise, observe, questione, fertilize, envolva, estruture, pense, pratique.
	  ▪ **Convergir**:
	    - **Defina a melhor alternativa** – PNI, análise de *grid*, árvore de decisão, pesquisas, testes de mercado.
	    - **Especifique o plano** – Encadeamento lógico de ações concretas, cada uma gerando um produto final mensurável. Ações do "como" precisam ser detalhadas; você também deve ser capaz de visualizar uma pessoa fazendo de fato o que está escrito.
	    - **Avalie o plano** – Completo? Simples? Correto? Suficiente? Executável? O que tem que se provar verdade para isso funcionar?
	• **Padronize planos** que serão repetidamente executados pela organização para produzir um resultado desejado.
	• **Construa e adapte** os planos de forma flexível e consistente (liderança adaptativa).

■ Erros comuns

Quando fizermos planos, os seguintes erros devem ser evitados:

- **Planos pequenos**
  Não divergimos, não pesquisamos alternativas, não pensamos com dedicação a respeito da meta. Resultado? Planos pequenos, apenas repetições do já feito no passado, nada realmente que possa fazer a diferença. Não caia nessa armadilha. É comum que planos pequenos sejam tão trabalhosos quanto os grandes na hora de executá-los. Só que os grandes trazem muito mais resultado. Invista tempo no desenho do plano, e pense grande.
- **Planos vagos**
  Este talvez seja o erro mais comum. Fazemos planos que não são 5W2H-AR. Por exemplo, não estruturamos o plano por meio de um encadeamento de ações concretas com produtos finais mensuráveis; não definimos os responsáveis para cada ação; não estipulamos prazos para as ações; estimamos erroneamente os investimentos necessários; desconsideramos os riscos envolvidos no plano.
- **Leva-se muito tempo**
  Um clássico. Perdemos tempo demais fazendo planos. Se não seguirmos uma lógica clara de divergir e convergir envolvendo as pessoas certas, teremos inúmeras idas e vindas, ajustes e reajustes; isso quando não "aparece alguém" muito tempo depois que o plano estava sendo trabalhado para mudar completamente o direcionamento. Tal fato torna o processo

de fazer planos muito desgastante, além de frequentemente representar atrasos em sua execução. Estabeleça um processo claro e alinhado para desenvolver planos e envolva as pessoas necessárias desde o começo. Assim, são maiores as chances de você acelerar os prazos de criação de um plano, além de tornar o processo mais leve e recompensador.

- **Muitos planos**

  Outro erro muito comum. Fazemos plano para tudo. Não há priorização, tudo é muito importante e para ontem. Mal começamos a executar um plano, e outros quatro aparecem. Perdemos mais tempo criando planos do que os executando e acompanhando. Quando isso acontece, acaba-se criando uma equipe ou empresa com muita iniciativa, mas pouca "terminativa".

- **O plano muda a toda hora**

  Não há consistência, não há foco. A direção muda a toda hora, sempre aparecem "novas prioridades".

Para você refletir

Nas empresas em que você já trabalhou, em que elementos do 5W2H-AR você acha que os planos tinham mais problema? (por exemplo, no "quem", porque os planos não determinavam claramente os responsáveis para cada ação; nos prazos, porque não eram bem-estipulados). Por que você julga que isso acontecia? O que você faria hoje para melhorar, se tivesse a chance?

_____
_____
_____
_____

Como gerar um equilíbrio de tempo investido ao desenvolver um plano entre (1) a necessidade de divergir para gerar várias alternativas e (2) a importância de convergir, definindo, especificando e avaliando o plano final?

_____
_____
_____
_____

■ **Para você exercitar**

Pense em um plano que você está criando e para o qual tem várias alternativas na mesa. Faça uma avaliação dessas alternativas, utilizando as ferramentas PNI e, depois, a análise de *grid*. Pense em qual foi mais apropriada e em como você vai utilizá-las no futuro.

_____

_____

_____

_____

Crie um plano 5W2H-AR para uma meta sua.

_____

_____

_____

_____

Avalie um plano já pronto da área em que trabalha, de cujo desenvolvimento você tenha participado. O plano é completo? Simples? Correto? Suficiente? Executável? O que tem que se provar verdade para ele funcionar?

_____

_____

_____

_____

Incentivos:

VOCÊ CONSEGUE O QUE MEDE — E RECOMPENSA

Tinha sido o seu primeiro dia no trabalho novo, e Joana estava maravilhada.

O processo de decisão pela mudança de empresa foi muito rápido; várias coisas tinham chamado sua atenção, mas, em especial, ela confessa, a remuneração.

Depois do primeiro dia, sentia-se ainda melhor. Isso por causa de uma primeira conversa com seu gestor direto, Márcio.

Esperava o que sempre teve em conversas desse tipo no passado — um papo rápido e cheio de interrupções variadas, já falando das "prioridades" e do que precisava ser feito "pra ontem".

Em vez disso, a reunião já começou bem diferente. Logo no início, Márcio desligou o celular dele. Disse que gostava de "estar 100%" com as pessoas do seu time quando conversava com elas em reuniões importantes como essa. Depois, novamente explicou qual era o papel da área na empresa e qual era o propósito da empresa. Márcio relembrou também quais eram os grandes desafios da área, e como esperava que Joana contribuísse em atingi-los (ela lembra de ele ter explicado tudo isso na entrevista). Disse que estaria especialmente próximo dela nos primeiros três meses, mas que gostaria que já fosse desenvolvendo uma boa autonomia para tomar as decisões que cabiam a ela. Juntos, fizeram uma lista de coisas importantes para ela aprender nas primeiras duas semanas.

Combinaram também de se encontrar depois desses 15 dias para discutir um plano inicial de trabalho que Joana já começaria a desenvolver. Claro, também havia nesse período questões operacionais em que ela deveria imediatamente começar a se envolver. Mas o bacana é que Márcio ajudou a criar um espaço específico de aprendizado para Joana nesse começo de trabalho.

Márcio encerrou a conversa dizendo: "Tenho certeza de que você vai ajudar a nossa empresa a crescer. Meu compromisso é contribuir no mesmo sentido para sua evolução profissional".

"Nossa!" — Joana pensou, enquanto jantava — "Nunca me senti tão energizada para um começo de trabalho. Mal posso esperar pelo dia de amanhã."

> *Pessoas são pessoas, e elas respondem a incentivos. Um incentivo é como uma bala, uma chave: uma pequena coisa com grande poder de mudar uma situação.*
> Steve Levitt

Se você já trabalhou com alguém que age como nesse caso, sentiu na pele como isso é motivador. Como faz diferença! Como faz você querer realmente dar o seu melhor!

Conceito e importância

Incentivos são recompensas para quem atinge *metas*, demonstra *comportamentos* e faz *realizações especiais*.

- **Metas**
  Já discutimos isso anteriormente. Metas definem os resultados finais esperados.
- **Comportamentos**
  São a tradução dos valores de uma empresa em ações concretas desejadas que refletem o seu jeito de trabalhar no dia a dia. Por exemplo, uma empresa de aviação pode ter "segurança" como um valor e, como um dos comportamentos desejados para tal valor, "nunca comprometer a segurança em decisões de negócio". Em conjunto com os planos, tema abordado previamente, os comportamentos certos – e implementados na prática – são fundamentais para atingir metas e formam a cultura de uma empresa. Por isso, é comum que os incentivos estejam não só ligados às metas propriamente ditas (resultados finais esperados), mas também aos comportamentos desejados (como trabalhamos no dia a dia para atingir tais resultados).
- **Realizações especiais**
  Como o nome sugere, são pontuais e buscam reconhecer resultados únicos, não diretamente capturados nas metas ou nos comportamentos. São alguns exemplos uma sugestão de inovação que foi aplicada e trouxe resultados extraordinários; um recorde de vendas em determinado mês; a antecipação de um projeto crítico para a empresa.

Note que há uma diferença importante entre incentivos para metas, comportamentos e realizações especiais. Os dois primeiros devem ser baseados em *critérios claros e predefinidos* – todos conhecem a regra do jogo antes de jogá-lo. Já as realizações especiais, por sua característica eventual/única, não necessitam disso.

> Incentivos são **RECOMPENSAS** para quem atinge **metas**, demonstra **comportamentos** e faz **realizações** especiais.

Por que incentivos são importantes?

Várias pesquisas indicam que a *performance* dos maiores talentos de uma empresa é quase sempre significativamente maior que a *performance* de colaboradores médios. Em outras palavras, embora, é claro, quase todos contribuam com o sucesso da empresa, os maiores talentos criam muito mais valor e de forma mais consistente.

Nesse contexto, a *diferenciação de incentivos* é a base para desenvolver uma cultura de alta *performance*. Se não há distinção de incentivos, não há razões claras para as pessoas darem o seu melhor, pois todas serão tratadas igualmente, independentemente do resultado que trouxerem.

> A **DIFERENCIAÇÃO** de incentivos é a base para desenvolver uma **cultura de alta *performance*.**

Os incentivos devem, portanto, ser muito diferentes para quem entrega as metas, demonstra os comportamentos desejados e faz realizações especiais.

Há quem pense que isso é injusto.

Para nós, injustiça ocorre quando um grupo de pessoas contribui muito mais com os resultados de uma organização, porém recebe as mesmas recompensas que todas as outras. Se a regra do jogo é estabelecida de forma clara e com antecipação, não há injustiças. Quem entrega é recompensado. Ponto.

Como fazer na prática

Entendido o que é um incentivo e sua importância, quais são os tipos de incentivo que podemos utilizar?

Para responder a essa pergunta, vale fazer outra: o que buscamos em nossos trabalhos?

Não foram poucas as pesquisas que investigaram essa questão. As nomenclaturas podem variar mas, em essência, são quatro dimensões interconectadas, a seguir brevemente comentadas.

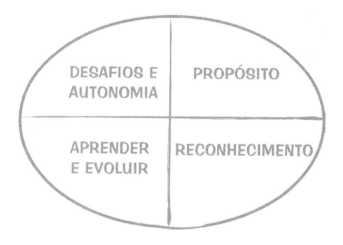

- **Desafios e autonomia**

  As pessoas querem um nível adequado de desafio. Por um lado, um desafio demasiadamente alto, muito além da capacidade daquela pessoa, pode ser assustador e paralisante. Por outro lado, desafios de baixa dificuldade dificilmente entusiasmam alguém. O equilíbrio entre desafios agressivos, realistas e crescentes é o que tende a estimular mais as pessoas – como apontado na discussão sobre metas.

Da mesma forma, as pessoas buscam um nível de autonomia em que se sintam bem. Pegue uma pessoa de alta *performance*, que conhece profundamente o que faz e tem entregado resultados consistentes. Passe, então, a monitorá-la diariamente e cobrar que explique sempre o que vai fazer. Você sabe o que vai acontecer com os resultados dela. Já uma pessoa sem maturidade e conhecimento técnico, por sua vez, vai provavelmente apreciar ter um líder mais próximo, que direcione e suporte o trabalho. Aqui também entra a questão de qualidade de vida, ao pensarmos em autonomia de forma mais ampla. As pessoas, cada vez mais, querem também tempo para elas, para a família, para os amigos.

- **Aprender e evoluir**
Virtualmente todas as pessoas desejam aprender e evoluir ao longo de sua carreira. Esse aprendizado pode vir em três grandes eixos: técnico (como conceitos, ferramentas, sistemas), de gestão de negócios (definição de metas, resolução de problemas, elaboração de planos) e de liderança de pessoas (*feedback*, avaliação de *performance*, construção de equipes). É muito comum pessoas que não percebam que estão aprendendo usarem as seguintes expressões para comentar como se sentem no trabalho: "estagnadas", "paradas no tempo", "sem evoluir". Isso tende a impactar negativamente o trabalho delas.

- **Reconhecimento**
Deve haver uma relação importante entre os resultados obtidos e o reconhecimento decorrente. É natural que nos

sintamos bem quando vemos o impacto do nosso esforço sendo traduzido em resultados – e estes, por sua vez, sendo reconhecidos pela empresa. Do contrário, é fácil cair na armadilha de pensar: se a percepção da empresa sobre mim é a mesma, independentemente dos meus resultados, para que me dedicar tanto?

- **Propósito**

  Finalmente, deve haver uma conexão do propósito da equipe em que a pessoa trabalha, da área e, em última instância, da empresa, com o propósito de sua vida individual. Realizamos um treinamento com um grupo de analistas financeiros de uma empresa farmacêutica em que levamos crianças que só estavam conseguindo viver bem por causa dos medicamentos que a empresa fazia. Ao final do treinamento, ouvimos de vários participantes frases como esta: "Consegui ver sentido em todas aquelas planilhas em que trabalho o dia inteiro". Quando há um propósito maior para o nosso trabalho, e ele está conectado com coisas que valorizamos, trabalhar tem um sentido maior, que melhora a nossa *performance*. O envolvimento emocional gera maior comprometimento.

Bem, se são essas, em essência, as quatro grandes dimensões que buscamos, é com elas que devemos trabalhar para incentivar as pessoas! Normalmente, tais dimensões são trabalhadas com dois tipos de incentivo: utilitários e psicológicos.

Incentivos utilitários
Incentivos psicológicos

| DESAFIOS E AUTONOMIA | PROPÓSITO |
| APRENDER E EVOLUIR | RECONHECIMENTO |

- **Incentivos utilitários** (também conhecidos como extrínsecos): São formas tangíveis de incentivo, aos quais é possível atribuir um valor monetário direto. Possuem três componentes básicos: remuneração fixa garantida (salário fixo, décimo terceiro, férias); remuneração variável (tanto anual, tais como comissões sobre vendas, bônus e premiações, quanto de mais longo prazo, como ações e opções de compra de ações); benefícios (carro, celular, auxílio-refeição, planos de saúde, de previdência).
- **Incentivos psicológicos** (também conhecidos como intrínsecos): Esses incentivos, por sua vez, são intangíveis. São formas "não monetárias" de trabalhar as quatro dimensões.

Importante: *ambos* são essenciais para as pessoas – incentivos utilitários e psicológicos são formas de ativar as quatro dimensões! Exemplo: a possibilidade de um bônus financeiro torna tangível um desafio, estimula o aprendizado, é um modo de reconhecimento etc.

> **AMBOS** os incentivos – **utilitários e psicológicos** – são importantes para motivar as pessoas.

Desenhar e implementar, então, um sistema de incentivos utilitários e psicológicos é crítico para fazer acontecer. Uma discussão completa sobre o tema, porém, vai além do escopo deste livro. Nosso intuito aqui é modesto – queremos apenas discutir algumas ideias essenciais sobre como trabalhar com incentivos, bem como apontar alguns erros a serem evitados.

Vale registrar que a maioria dos sistemas de incentivos em empresas é construída com incentivos utilitários, uma vez que estes – especialmente dinheiro – são concretos, mais fáceis de se manejar. Não parece fazer sentido dizer isso a um gerente de vendas: "Bata a sua meta neste ano, e nós vamos admirá-lo mais". No entanto, é bastante objetivo dizer isto: "Bata a sua meta este ano e nós vamos pagar-lhe X reais".

Isso não quer dizer, de forma alguma, como apontamos antes, que não se devam utilizar incentivos psicológicos. Reforçamos que ambos são válidos e importantes, e ativam as quatro dimensões que buscamos em nossos trabalhos! Vejamos algumas ideias de como usar cada tipo de incentivo.

Incentivos utilitários

Representam, como comentamos, o componente mais visível de qualquer programa de incentivos para a maioria das pessoas. Alguns pontos essenciais para esse tipo de incentivo são os seguintes:

- **Definir claramente a mensuração do atingimento**
  Estabelecida uma meta qualquer (como "crescer as vendas em reais do produto X em 20% *versus* o ano anterior – gerente de vendas"), é preciso definir como o atingimento será mensurado. Em essência, há duas formas de fazer isso. A primeira é a "sim/não". Aqui, como o nome sugere, a meta é ou não é atingida, ponto. Considerando o exemplo, se as vendas cresceram 19,9%, a meta não foi batida e fim de conversa. A segunda forma define porcentuais de atingimento. Por exemplo, poderiam ser definidos três intervalos: de 85% a 95% da meta (mínimo), de 95 a 105% da meta (satisfatório) e acima de 105% da meta (excelente). Qual a melhor forma, a "sim/não" ou porcentuais de atingimento? Não há uma resposta precisa para isso, mas tendemos a preferir a segunda, por uma simples razão: uma pessoa que atingiu, vamos dizer, 97% da meta, não necessariamente fez um trabalho ruim. Não parece fazer sentido, então, ela receber o mesmo incentivo que alguém que atingiu 70%.
- **Criar índice de atingimento**
  Para facilitar a comparação da *performance* entre diferentes pessoas, é interessante criar um índice de atingimento. Para fazer isso, atribuem-se pesos para as diferentes metas de

cada pessoa, de acordo com a importância dessas metas, e ponderam-se os resultados obtidos por tais pesos, de forma que se chega a um índice. Se tal índice é igual ou superior a 100, significa que, na média, a pessoa bateu ou superou suas metas; se é inferior, significa que as metas na média não foram batidas. Assim, a comparação de *performance* entre diferentes pessoas fica menos subjetiva.

- **Atribuir uma recompensa clara e atrativa para o atingimento**
Definido como o atingimento vai ser mensurado, é essencial estabelecer recompensas claras e atrativas, de forma que todos saibam de antemão o que está em jogo. Estamos falando aqui de remuneração variável, tanto anual como de longo prazo, e também da remuneração fixa, pois aumentos de salários também devem ser concedidos com base em *performance*. Não se esqueça também de determinar prazos claros para o pagamento das recompensas.

- **Criar sistema não competitivo**
Há visões distintas, mas acreditamos que a recompensa deve ser dada a todos que baterem as metas, de acordo com os critérios predefinidos. Um critério "piramidal", em que apenas os X% melhores dentre os que baterem as metas ganham a recompensa, pode gerar um nível de competitividade não saudável para a empresa.

- **Cumprir o prometido**
Pior que um programa de incentivos ruim é um bom na teoria, que depois não é cumprido na prática. Entregar o que foi prometido às pessoas, para que o programa não perca credibilidade e as pessoas não se desmotivem, é fundamental em qualquer programa de incentivo.

Incentivos psicológicos

A menos que você seja um executivo sênior, o seu controle sobre os incentivos utilitários fornecidos pela empresa em que trabalha é normalmente limitado. Porém, boa notícia: não importa o seu nível hierárquico ou função, se você tem uma equipe, tem um grande controle sobre os incentivos psicológicos dos seus liderados. E isso não custa dinheiro.

> O **incentivo psicológico** pode ser utilizado continuamente com a sua equipe.
> E **NÃO CUSTA DINHEIRO.**

São várias as coisas que você pode fazer para incentivar as pessoas. Tais ações são mesmo simples, algumas triviais até – mas não se engane nem as subestime, pois diversas pesquisas científicas já comprovaram sua validade.

- **Desafios e autonomia**
  Identificar e alavancar os pontos fortes dos seus liderados em metas e planos importantes para a empresa; encorajar liderados a serem sinceros e honestos em situações difíceis; tornar as pessoas responsáveis por desafios significativos, provendo o suporte necessário; aumentar o nível de autonomia e responsabilidade das pessoas, conforme a *performance* e a

maturidade delas permitirem; envolver as pessoas em decisões que afetem o trabalho delas.

- **Aprender e evoluir**
  Dar *feedbacks* honestos sobre oportunidades de melhoria – e ajudar as pessoas a melhorarem; retirar o excesso de medo das pessoas, incentivando-as a buscar soluções inovadoras e aprender com os erros.
- **Reconhecimento**
  Elogiar resultados importantes obtidos no dia a dia; ouvir, valorizar e respeitar as opiniões da sua equipe; discutir e ajudar a construir a carreira das pessoas; assumir seus próprios erros como líder.
- **Propósito**
  Conectar o trabalho das pessoas com um propósito maior, seja da equipe, seja da área, seja da empresa.

Trabalhando bem os incentivos, tanto utilitários como psicológicos, fechamos o passo 3 da pirâmide, que tem metas, planos e incentivos como conceitos interconectados e que se reforçam:

Metas	Planos	Incentivos
Definir os resultados esperados.	Criar a forma de atingir tais resultados.	Recompensar quem atinge os resultados, e também os comportamentos e as realizações especiais.

* * *

Márcio trabalhava em uma empresa com bons incentivos utilitários. Ele sabia que isso era importante para as pessoas e alavancava tais incentivos ligando-os claramente às metas e aos comportamentos desejados. Mas ele sabia que isso não era suficiente.

Os incentivos psicológicos também eram fundamentais. Então, ele sempre comunicava o propósito do trabalho, o que "estamos fazendo aqui". Também garantia que trabalhava outras dimensões importantes de motivação, com desafios, autonomia, aprendizado e reconhecimento adequados para cada membro de sua equipe. Fazia isso de forma claramente correspondente aos resultados de cada um. Quem entregava, recebia os incentivos. Todos sabiam disso, e trabalhavam forte e com os comportamentos desejados para bater as metas.

Assim foi com Joana. No primeiro ano de empresa, ela entregou resultados fantásticos. Sua remuneração variável foi toda conseguida. Ela logo recebeu novos desafios e um maior nível de autonomia. E continuava superando as expectativas. "Ela vai longe", pensou Márcio.

	Quadro-resumo: Incentivos
Definição	Incentivos são recompensas para quem atinge metas, demonstra comportamentos e faz realizações especiais. São agrupados em dois grandes tipos: • **Utilitários** (ou extrínsecos): Formas tangíveis de incentivos, aos quais é possível atribuir um valor monetário direto — remuneração fixa, variável, benefícios. • **Psicológicos** (ou intrínsecos): São intangíveis, "não monetários".
Importância	A diferenciação de incentivos é a base para desenvolver uma cultura de alta *performance*.
Como fazer	Alguns pontos essenciais incluem: 1) Para incentivos utilitários: • Definir claramente a mensuração do atingimento. • Criar índice de atingimento. • Atribuir uma recompensa clara e atrativa para o atingimento. • Criar sistema não competitivo. • Cumprir o prometido. 2) Para incentivos psicológicos: • **Desafios e autonomia:** Encorajar liderados a serem sinceros e honestos em situações difíceis; identificar e alavancar os pontos fortes dos seus liderados em metas e planos importantes para a empresa; tornar as pessoas responsáveis por desafios significativos, provendo o suporte necessário; aumentar o nível de autonomia e responsabilidade das pessoas, conforme a *performance* e a maturidade delas permitirem; envolver as pessoas em decisões que afetem o trabalho delas. • **Aprender e evoluir:** Dar *feedbacks* honestos sobre oportunidades de melhoria — e ajudar as pessoas a melhorarem; ouvir e valorizar as opiniões da sua equipe; retirar o excesso de medo das pessoas, incentivando-as a buscarem soluções inovadoras e aprenderem com erros. • **Reconhecimento:** Elogiar resultados importantes obtidos no dia a dia; ouvir, valorizar e reconhecer as opiniões da sua equipe; discutir e ajudar a construir a carreira das pessoas; assumir seus próprios erros como líder. • **Propósito:** conectar o trabalho das pessoas com um propósito maior, seja da equipe, seja da área, seja da empresa.

Erros comuns

Há muitos cuidados para serem tomados ao se definirem os incentivos. Vejamos alguns erros que podem acontecer:

- **Critérios errados de recompensa**
  É o erro mais básico, mais importante. Recompensar por tempo de trabalho, conhecimento, esforço, cargo, razões políticas, preferências individuais ou atividades realizadas não cria uma cultura de alta *performance*. Recompensar por metas, comportamentos e realizações especiais, sim.
- **Falta clareza**
  Cuidado com incentivos utilitários! Evite falta de clareza em como será verificado o atingimento e os prazos de pagamento.
- **Falta atratividade**
  Se o incentivo é irrelevante, ou a meta é impossível de ser atingida, as pessoas não serão motivadas.
- **Falta diversidade de prazos**
  Idealmente, incentivos devem ter prazos diversos, mantendo o interesse alto e o reconhecimento constante. Incentivos psicológicos de comportamento, de um lado, devem ser executados no momento da observação do comportamento (e não apenas em avaliações formais periódicas). Incentivos utilitários, como remuneração variável, devem idealmente ter componentes anuais e de mais longo prazo, para reduzir o risco de um foco excessivo em ações que melhoram os resultados no curto prazo, mas prejudicam a empresa em horizontes mais amplos.

- **Incentivos utilitários não são executados como previsto**
Isso pode acontecer de duas formas opostas. De um lado, isso ocorre quando um incentivo é dado quando não deveria ser, de acordo com o critério previamente definido. Ou seja, uma pessoa, ou determinada equipe não bateu as metas, mas ganha o incentivo de qualquer forma. Isso não é meritocrático, desrespeita quem atingiu e confunde a organização. É preciso firmeza emocional para não dar o incentivo e ponto, quando for o caso. Vale registrar que pode haver casos excepcionais. Imagine a seguinte situação: a condição de um mercado muda totalmente, inviabilizando por completo, vamos dizer, o atingimento de uma meta de vendas. Ainda assim, a equipe trabalha duro e traz um resultado muito bom, ainda que abaixo da meta. Nesse caso, pode-se optar por dar o incentivo (ou parte dele) em reconhecimento. Mas essa deve ser a exceção e não regra. De outro lado, isso ocorre quando o incentivo é merecido, mas não é pago, por quaisquer razões que sejam. Isso vai certamente gerar um sentimento muito ruim nas pessoas. Como assim, depois de tanto trabalho e resultados entregues, as coisas mudam?
- **Recompensa apenas indivíduos ou apenas equipes**
Reconhecer apenas indivíduos pode impactar negativamente a capacidade das pessoas de trabalharem colaborativamente. Reconhecer apenas equipes não é totalmente meritocrático – as contribuições de cada indivíduo da equipe podem ser (e frequentemente são) muito diferentes. O ideal é combinar incentivos individuais e para equipes (incluindo unidades de negócio e a empresa).

- **Foco exclusivo nos maiores talentos**
Sim, eles são extremamente importantes, mas costumam representar de 10% a 15% das pessoas de uma empresa. Não se pode negligenciar a contribuição dos demais colaboradores, que são a maioria, que também entregam resultados e, portanto, têm importância crítica.
- **Foco exclusivo no "alto escalão" para incentivos utilitários**
É claro que o nível de recompensa pode mudar bastante por nível hierárquico, tendendo a ser muito maior para cargos seniores. Pode ser até mais interessante dessa forma, estimulando as pessoas a querer ascender profissionalmente. No entanto, recompensar financeiramente apenas os cargos mais seniores pode ser um extremo inadequado. A "base" da organização pode se desmotivar ao não se sentir recompensada monetariamente pelos resultados obtidos.

■ **Para você refletir**

Na sua opinião, qual tipo de incentivo é mais efetivo – utilitário ou psicológico? Por quê?

_____

_____

_____

Pela sua experiência, por que é importante que os incentivos estejam ligados tanto às metas, como aos comportamentos desejados pela organização?

_____

_____

_____

No seu entender, as metas, os planos e os incentivos onde você trabalha estão bem-conectados e se reforçam? Você consegue identificar oportunidades de melhoria?

_____

_____

_____

■ Para você exercitar

Quais foram os programas de incentivo de que você já fez parte? Quais eram os pontos fortes deles? As oportunidades? O que você mudaria neles, se pudesse?

_____
_____
_____
_____

Como você tem trabalhado os incentivos psicológicos com as pessoas na sua empresa, sejam da sua equipe (caso você seja um líder), pares ou superiores? Quais oportunidades você consegue identificar com base no que foi discutido neste capítulo?

_____
_____
_____
_____

PASSO 4:
Estamos fazendo?

GUIA DA PIRÂMIDE DO FAZER ACONTECER
Ações-chave de cada passo

- PASSO 1: ONDE ESTAMOS E AONDE QUEREMOS CHEGAR?
- PASSO 2: POR QUE NÃO ESTAMOS LÁ?
- PASSO 3: O QUE FAZER?
- **PASSO 4: ESTAMOS FAZENDO?**
  - Ação
    - Executar os planos.
- PASSO 5: CHEGAMOS? AJUSTES SÃO NECESSÁRIOS?

Ação:
COMO SUPERAR AS BARREIRAS PARA TRAZER SEU PLANO PARA A REALIDADE

Quatro sapos estão à beira de uma lagoa.

Três decidem pular.

Quantos ficam à beira?

Resposta: quatro. Decidir não é a mesma coisa que fazer.

> *O que está por trás de resultados ruins não está tipicamente ligado com planejamento, mas com execução.*
>
> Lawrence Hrebiniak

Como alguém já disse, poetas e músicos podem desejar a Lua, mas é preciso ter a disciplina, a paciência e a resignação de astrônomos, engenheiros e militares para conquistá-la.

Aí está um "pequeno" detalhe.

Você pode ter definido e decidido diversas coisas no seu planejamento. Mas, se você não *agir* sobre o planejamento, não terá os resultados desejados.

■ **Conceito e importância**

Fazer um bom planejamento – passos 1, 2 e 3 da pirâmide – é importantíssimo, sem dúvida.

O passo 4 da pirâmide é a sequência natural. É a *ação*, que significa a nossa capacidade de concluir o planejado no dia a dia – no prazo, por completo e corretamente.

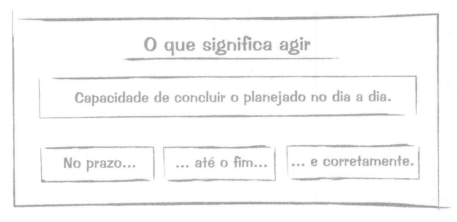

Não há ciência de foguetes aqui. É tão óbvio o pensamento de que agir sobre o planejamento é importante, que muitas vezes esquecemos que o planejamento, por si só, não traz resultado nenhum! O que *executamos* do planejamento é que vai trazer resultados.

"Ah, mas executar é a parte fácil", já vi algumas pessoas dizerem. "O difícil, o estratégico, o mais importante, é definir o plano", alegam.

Por muito tempo, o senso comum foi esse. Supervalorizou-se o "planejamento estratégico", a capacidade de gerar ideias, não raramente por meio de hiperintelectualizações quase filosóficas do que a empresa pretendia ser e fazer. Colocou-se a execução em segundo plano, como uma atividade "menor", "tática", "operacional". Até mesmo nas faculdades e nos cursos de administração e relacionados somos ensinados a formular planos, mas não a executá-los, não é verdade? Já vi muitas matérias e cursos sobre estratégia, mas não me lembro de nenhum sobre execução.

> O planejamento, por si só, não traz resultado nenhum! O que **EXECUTAMOS** do planejamento é que vai **trazer resultados**!

Bem, cada vez mais se vê que não é exatamente assim, e que a capacidade de executarmos a estratégia é tão ou mais importante – e é mais comumente nisso que erram as pessoas, equipes e empresas.

Na vida pessoal, é assim também, não é? Por exemplo, é bem fácil definir o que se precisa fazer para emagrecer; daí a *executar* o que precisa ser feito, são outros quinhentos... No trabalho e na vida, talvez a maior oportunidade seja executar na prática os planos que fazemos.

Na verdade, o seu planejamento não é o que você *diz* que é. É o que você *executa*. E executar um plano é frequentemente mais difícil do que desenhá-lo, de forma que a diferença entre uma empresa e suas concorrentes é, cada vez mais, a sua habilidade de executar bem. Como disse um CEO de uma grande empresa: "Sabe qual a diferença entre nós e os outros? É que todos sabem o que precisa ser feito – mas nós vamos lá e fazemos".

| Situações, visões, problemas... | ▷ | ... precisam virar metas, planos e incentivos... | ▷ | ... que precisam ser executados. |

Ora, mas, se a ação sobre o planejamento é tão importante assim, e isso é conceitualmente simples – precisamos concluir o que planejamos no prazo, por completo e corretamente –, quais são as barreiras que nos impedem de agir como deveríamos? O que podemos fazer a esse respeito?

Vamos lá!

Como fazer na prática

Há várias barreiras que dificultam uma execução com excelência. É interessante dividir tais barreiras em três grandes grupos, conforme o momento em que elas aparecem:

- **No planejamento**
  As barreiras aqui são *anteriores* à execução. São erros que cometemos no planejamento (passos 1, 2 e 3 da pirâmide, já discutidos) e que afetam diretamente nossa capacidade de agir.
- **Na execução em si**
  Aqui temos barreiras na *execução propriamente dita*. Podemos ter desenvolvido um plano excelente e, ainda assim, acontece de não executá-lo como planejamos, por causa dessas barreiras.
- **No controle e ajuste**
  Finalmente, há barreiras que são *posteriores* à execução. Referem-se à falta de controle e ajuste dos planos, justamente o passo 5 da pirâmide (falaremos mais sobre isso adiante).

A tabela a seguir elenca barreiras críticas em cada momento exposto anteriormente. Na sequência, tais barreiras, bem como formas de eliminá-las, são discutidas.

1. No planejamento	2. Na execução em si	3. No controle e ajuste
• Falta foco. • Falta claridade. • Falta responsabilização. • Resistência camuflada.	• Desistimos ou desviamos. • Procrastinamos.	• Não acompanhamos. • Não há *feedback*. • Não há ajuste.

1. Barreiras no planejamento

1. No planejamento	2. Na execução em si	3. No controle e ajuste
• Falta foco. • Falta claridade. • Falta responsabilização. • Resistência camuflada.	• Desistimos ou desviamos. • Procrastinamos.	• Não acompanhamos. • Não há *feedback*. • Não há ajuste.

Discutimos profundamente os elementos de um bom planejamento nos passos 1, 2 e 3 da pirâmide. Todos são importantes, mas há quatro pontos especialmente críticos que, quando não são bem-trabalhados, dificultam sobremaneira uma execução com excelência. Vale aqui, então, uma rápida revisão deles, bem como do que podemos fazer a esse respeito.

1.1 Falta foco

É comum termos a tendência de querer "abraçar o mundo". Fazemos planos mirabolantes, com dezenas de "o quê" e "como" (do 5W2H-AR).

Lembro-me de uma empresa com que trabalhei e que fez um plano com 32 "prioridades estratégicas", e todas para aquele ano. Isso vai se traduzir, muito provavelmente, em execução torta, superficial, incompleta, atrasada. Não há como uma organização executar bem tanta coisa, por melhor que seja a sua capacidade de execução. Então, aqui vem um primeiro alerta, que nada mais é do que um lembrete do que já falamos anteriormente: o seu plano precisa, sim, ser completo e suficiente para os seus objetivos, mas ele também precisa ser simples, focado. Planos complexos e difíceis são receitas para execução pobre e resultados também pobres.

1.2 Falta claridade

É outro ponto que enfatizamos muito na discussão sobre planejamento. Planos vagos geram incerteza, confusão, reinterpretações, desentendimentos, retrabalhos (lembra-se do *"personal plan maker* Tabajara"?) . A execução será, muito provavelmente, falha. Não caia nessa armadilha. Defina planos por meio de um encadeamento lógico de ações concretas, cada uma gerando um produto final mensurável. Precisão semântica e concisão são chaves. Ninguém pode ter dúvida daquilo com que está concordando em fazer.

1.3 Falta responsabilização

Muitas vezes a execução não acontece simplesmente porque não havia donos para as ações. Arriscaríamos dizer que *sempre* que a responsabilização não estiver clara no plano, a execução vai falhar em algum aspecto. Especificar exatamente *quem vai fazer cada ação* é indispensável para a execução funcionar. Não se esqueça disso também.

1.4 Resistência camuflada

Finalmente, há uma possível barreira que permeia toda a fase de um planejamento. Gostamos de chamá-la de "resistência camuflada". Como o nome sugere, a resistência camuflada não costuma ser fácil de identificar.

Veja que uma coisa é quando alguém apresenta uma ideia e uma pessoa diz "não concordo". Pronto, está dito, sabemos que ela não concorda; agora podemos discutir os porquês, as alternativas etc. Outra coisa são pessoas que concordam com o plano "na frente de todos", mas, na verdade, não aderiram a ele, sabotando-o (às vezes inconscientemente) na hora da execução.

Por que as pessoas fazem isso? São várias as razões, e há algumas coisas que podemos fazer a esse respeito, a seguir esquematizadas e na sequência explicadas.

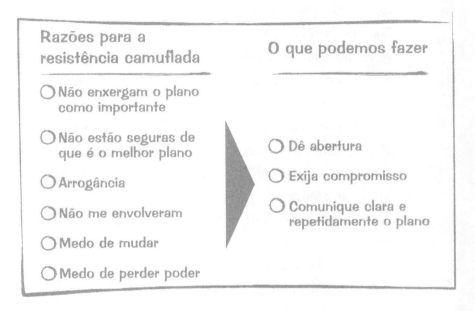

- **Não enxergam o plano como importante**

    Muitas vezes, as pessoas simplesmente não entendem a importância do plano em questão. Dessa forma, resistem por acharem tudo "perda de tempo".

- **Não estão seguras de que é o melhor plano**

    Às vezes, as pessoas têm simplesmente dúvidas do plano, mas não se sentem à vontade para colocá-las na frente de todos. Quando o plano é aprovado, resistem porque estão inseguras sobre a real capacidade do plano de trazer os resultados desejados.

- **Arrogância**

    É incrível, mas algumas pessoas parecem simplesmente se julgar muito conhecedoras do tema em discussão, a ponto de acharem que não vale a pena "gastar saliva explicando tudo para todos". Então, elas deixam os outros definirem o plano que quiserem, porque pensam que não importa o que for definido, pois, no final, elas vão fazer do jeito delas.

- **Não me envolveram**

  Nem todos podem e devem participar da elaboração de todos os planos de uma organização. É natural que, para alguns tipos de planos, sejamos "apenas" (entre milhões de aspas!) executores. No entanto, algumas pessoas parecem não receber bem essa ideia. Qualquer coisa de cujo desenvolvimento elas não tenham participado é, necessariamente, ruim. Daí vem a resistência.

- **Medo de mudar**

  A pessoa pode simplesmente não querer mudar. O plano pode representar mais trabalho para ela, ou mais responsabilidade, ou ter que se relacionar mais com pessoas de quem ela não gosta... Isso a faz resistir ao plano, mas não abertamente, porque não se sente à vontade para apontar as causas de sua resistência.

- **Medo de perder poder**

  Finalmente, não podemos ignorar essa razão. Planos podem representar novas formas de fazer as coisas, que podem implicar pessoas perdendo poder, na forma de autonomia, responsabilidades, verbas. Isso pode trazer resistência também.

Como evitar que as pessoas resistam aos planos de forma camuflada? Três ações concretas podem ajudar muito.

- **Dê abertura**

  Como já mencionamos, é importante que haja abertura no processo de planejamento. Todos os envolvidos devem

ter liberdade de debater o plano enquanto ele está sendo desenvolvido. Pergunte para as pessoas o que elas acham, peça opiniões. Ouça muito! Ouvir não é acatar, não quer dizer que você necessariamente vai fazer tudo o que disserem. Ouvir é considerar com atenção e respeito o que está sendo dito. Enfim, envolva as pessoas apropriadas no processo de planejamento.

- **Exija compromisso**

    Uma vez que o plano esteja finalizado, exija compromisso. Como já foi dito, as pessoas devem ter liberdade de debater o plano enquanto ele está sendo desenvolvido. Após isso, não deve haver mais debate, a menos, é claro, que haja necessidade de uma revisão formal. Não estimule nem aceite conversas de corredor como "Eu não concordo com o plano, mas fazer o quê, vamos lá". Executivos de uma grande empresa de tecnologia dizem que a expectativa na organização com relação a isso é a seguinte: "Concorde e comprometa-se, ou não concorde e comprometa-se; mas comprometa-se". Excelente! Uma vez decidido o plano, deve haver um firme comprometimento de todos com a ação.

- **Comunique clara e repetidamente o plano**

    Pontos críticos de que não se pode esquecer, que ajudam as pessoas a entenderem e se comprometerem com o plano: qual situação estamos querendo resolver com esse plano?; o que temos a perder se continuarmos nessa situação?; o que temos a ganhar fazendo o plano (visão, metas)?; quais são exatamente o papel e a importância de cada pessoa na execução do plano?

2. Barreiras na execução em si

1. No planejamento	**2. Na execução em si**	3. No controle e ajuste
• Falta foco. • Falta claridade. • Falta responsabilização. • Resistência camuflada.	• Desistimos ou desviamos. • Procrastinamos.	• Não acompanhamos. • Não há *feedback*. • Não há ajuste.

Um clássico! Temos o plano definido, todo mundo concorda com ele, plano focado e claro em termos de ações, prazos e responsabilidades, mas aí... a coisa não acontece como planejada!

Sim, há outras barreiras a serem evitadas, referentes à execução em si. Vamos a elas.

2.1 Desistimos ou desviamos

Muito comum. Definimos um plano para fazer as ações X, Y e Z. Quando vemos, na prática, estamos fazendo X, parte de Y, nada de Z e apareceu W (sendo que esta nunca foi formalmente discutida!). Mudamos sem razão lógica para tal!

Duas coisas que nos fazem desistir ou desviar de planos sem razão para isso são:

- **Ansiedade**
  Exemplo clássico em Peter Senge (2013): no banho, você gira a torneira para esquentar a água. Ela não esquenta imediatamente. Você, sem paciência, gira ainda mais. Aí, quando ela vem, vem fervendo. Aí, você faz o mesmo ciclo impaciente para esfriá-la. Assim, não consegue tomar banho... Planos podem não trazer resultados imediatos. Muitas vezes, mal esperamos a conclusão da implementação deles e já queremos

rever tudo, já criamos novos planos. Ou basta a concorrência fazer qualquer coisa de diferente, que mudamos todo o nosso planejamento, criando minirreações desestruturadas. Assim, nunca executamos com qualidade. Não deixe isso acontecer. Se você fez um bom planejamento, acredite nesse planejamento e implemente-o até o fim! É claro que você tem que acompanhar o progresso e fazer ajustes quando necessários – como falamos antes, esse é o nosso passo 5, que veremos na sequência. Mas não mude tudo a toda hora. Não confunda agilidade com inconsistência.

- **Falta de decisão**
  Acontece quando o plano é aprovado, mas, na hora de disponibilizar os recursos necessários para executar o plano (dinheiro, tempo e pessoas), as decisões não são tomadas na prática. Por exemplo, você aprova um plano de compra de uma nova máquina para uma fábrica que vai requerer X mil reais, mas, na hora de "assinar o cheque", ninguém assina; ou você aprova a contratação de duas pessoas para a sua área como parte de um plano para aumento de vendas, mas, na hora de fazer as ofertas de trabalho, elas não são formalizadas pela empresa. Eu não sei você, mas eu já vivi muito essa situação: o plano na teoria é um mas, na prática, acaba sendo outro, porque as decisões não são tomadas por quem compete. Isso tende a gerar enorme incerteza na execução, pois já não se sabe qual o plano "que vale": o que tinha sido aprovado ou o que se está implementando no momento. Sugestão? Se o plano, por alguma razão, tiver de ser mudado após a aprovação, não deixe isso solto. Comunique e justifique a mudança, redirecionando as pessoas para o novo plano. A qualidade da execução agradece.

2.2 Procrastinamos

O ato de procrastinar é aquilo que todos nós fazemos, com maior ou menor intensidade. Postergar ações que deveriam ser feitas agora ocorre muito na execução de planos.

O plano pode ser bom, não é que desistimos dele, ou mudamos para outro, mas muitas vezes procrastinamos. Por quê? Pessoas que procrastinam comumente têm uma ou mais das características seguintes:

- **"Superocupadas"**
  Talvez a principal razão de procrastinar o importante. Muitas vezes, pessoas procrastinadoras simplesmente querem parecer muito ocupadas, sentem-se "indispensáveis" para o dia a dia da empresa. Parecem estar ligadas no "modo reativo": correm de reunião para reunião, checam o *e-mail* a cada cinco minutos e respondem a ele, fazem diversas ligações, estão a toda hora "apagando incêndios", fazem tudo o que pedem para ela. Para muitas delas, estão apenas "resolvendo questões urgentes". Em boa parte das vezes, estão apenas se desviando do que é realmente importante ser feito e realizando tarefas mais rotineiras de forma acelerada, esbaforida. Em outras palavras, deixam que demandas de curto prazo (algumas muitas vezes imaginárias) tomem conta de todo o seu dia, o que muitas vezes é mais fácil do que se atentar para as prioridades planejadas.
- **Medo de fracassar**
  É outra importante razão de procrastinarmos, muitas vezes de forma inconsciente. Se, de alguma forma, pensamos que não somos capazes de fazer o plano, que o plano não vai funcionar, então "escapamos" dele e focamo-nos em outras coisas. As desculpas "oficiais" são usualmente relacionadas

com os pontos mencionados: "estou muito ocupado", "não está dando tempo", surgiu esta ou aquela urgência.

- **Falta de protagonismo**
  Nesse caso, as pessoas não acham que têm real controle/impacto nos resultados da empresa. Então, não focam o seu trabalho no planejado, que dá mais trabalho. Ocupam o seu tempo com tarefas rotineiras mais fáceis, como responder a *e-mails*, participar de várias reuniões desnecessárias, fazer relatórios irrelevantes.

- **A velha preguiça mesmo**
  Gostaríamos de acreditar que é uma minoria dos casos, mas não há como negar que acontece. Pessoas podem procrastinar simplesmente por preguiça, descaso, negligência.

O que é possível fazer para evitar a procrastinação?

Talvez supreendentemente, para trabalhar melhor, é preciso ir mais *devagar* e ter *controle* do seu dia. É preciso disciplina.

> Para trabalhar melhor, é preciso ir mais **devagar** e ter **controle** do seu dia.
> É preciso **DISCIPLINA.**

Pessoas com disciplina não estão no "modo reativo". É claro e natural que muitas coisas novas apareçam no dia a dia, mas tais pessoas escolhem conscientemente não responder a tudo imediatamente, alinhando expectativas com as pessoas necessárias (especialmente o líder direto), o que permite que foquem a maior parte do seu tempo nas metas e nos planos. Em outras palavras, elas cuidadosamente dosam suas ações entre o planejado e as novas demandas que aparecem, de forma que não ficam apenas apagando incêndios. Como? Não existe mágica. São algumas ações que, no conjunto, ajudam muito.

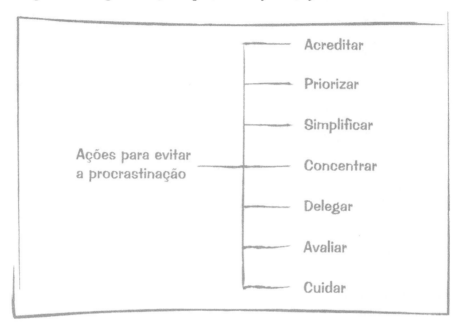

Acreditar

A base para uma boa execução está em uma atitude simples: acreditar que o planejamento é bom e vai dar certo. Como falamos, na hora de agir, não cabe mais questionamentos, dúvidas, incertezas. Cabe apenas disciplina total em implementar o planejado. Essa mentalidade é fundamental, porque ela define a energia e a qualidade que dedicaremos à execução.

Priorizar

Ouvi isso de uma chefe minha, há um longo tempo, e nunca mais esqueci: "Jucá, se você não definir as suas prioridades, alguém vai fazer isso por você". Verdade, não? Faça um teste. Chegue para trabalhar amanhã, sente-se na sua cadeira e não faça nada. Isso, nada. Não vai dar 15 minutos e você terá vários (dezenas?) de *e-mails* para responder, alguém já passou na sua mesa e pediu alguma coisa, apareceu uma reunião imprevista, e assim vai... Muito provavelmente, o seu dia estará tomado de coisas que não fazem parte do seu planejamento.

Não há segredo, você precisa definir as suas prioridades formalmente. Se é num caderno, em um aplicativo, no seu *software* de *e-mail*, isso é menos importante – use uma ferramenta que funcione para você. Mas faça isso, definindo claramente os *produtos finais* (como o projeto X aprovado pelo comitê de projetos) e quais *ações concretas* precisam ser realizadas por você, e por outras pessoas, para chegar lá (como estimar o investimento necessário; desenhar o cronograma; preparar a apresentação etc.).

Pode ser interessante fazer essa lista de produtos finais e ações em dois horizontes. O primeiro, semanal, deverá ser feito logo na segunda-feira. Com ele, você vai ter uma boa ideia de como está a sua semana, o que vai exigir mais tempo de você, quais pessoas você vai precisar envolver no seu trabalho. Depois, todo dia de manhã, como primeira atividade do dia, você pode pegar essa lista e definir, de forma inequívoca, quais são as ações que quer terminadas até o fim do dia. Então, atenção: olhe essa lista o tempo todo durante o dia, certificando-se de que está trabalhando nas prioridades estabelecidas, enquanto equilibra o seu tempo com novas demandas que sempre aparecem (novos projetos, reuniões de última hora, reclamações de clientes). Mas não dedique a maior parte do tempo para esse segundo tipo de atividade, que é exatamente o que vai acontecer se você não priorizar o seu trabalho. Faça escolhas conscientes, alinhe expectativas e procure focar o seu tempo no planejamento, não naquilo que é mais fácil, mais urgente, ou que as pessoas pedem.

Simplificar

É impressionante o tempo que investimos respondendo a *e-mails*, participando de reuniões, preparando relatórios e apresentações. Dentro do possível, procure simplificar tais atividades.

Como fazer isso? Há duas perguntas matadoras aqui para você se fazer.

A primeira delas é a seguinte: isso vai ajudar (você, a equipe, a empresa) a bater as metas e executar os planos? Questione isso, discuta com as pessoas, com o seu líder. Você vai descobrir, provavelmente, várias oportunidades de simplesmente *eliminar* atividades que não agregam valor, como reuniões de que você participa e não deveria, e relatórios em que trabalha, mas são pouco utilizados.

Se a atividade realmente se mostrar necessária, então faça a segunda pergunta: qual a forma mais efetiva de obter o resultado desejado? Já vi reuniões de acompanhamento de projetos que antes levavam três horas passarem a durar 30 minutos, simplesmente porque se discutiram quais eram realmente os fatores críticos que precisavam ser acompanhados. *Reduzir* atividades para o estritamente necessário, dado o resultado desejado, é uma segunda forma de simplificar o seu trabalho.

Sua produtividade – e a da empresa – agradece.

Concentrar

Para uma ação difícil, que requer que você pense mais, aloque um tempo definido e faça somente essa ação durante esse tempo, concentrado e sem interrupções. O seu trabalho será de maior qualidade, em menos tempo, e a sensação de realização muito mais positiva do que realizar múltiplas atividades, o tempo todo, de forma ansiosa, reativa e caótica.

Delegar

Se você é um líder, saber delegar com responsabilidade é fundamental, não só para o desenvolvimento das pessoas que trabalham com você – falamos disso quando discutimos desafios, autonomia e aprendizado, no capítulo de incentivos –, mas também para que a execução aconteça na prática. Líderes centralizadores, isto é, que pensam que tudo tem de ser feito por eles, do contrário a qualidade não será a adequada, vivem sufocados de coisas para fazer, de forma que a implementação do planejado no prazo, correta e completamente, fica prejudicada.

Avaliar

Pare! Uma vez por semana, por exemplo, às sextas-feiras, reserve um tempo para avaliar o progresso do trabalho. Pergunte a você mesmo: trabalhei nas minhas prioridades?; consegui atingir os resultados que buscava nesta semana?; em que dá para melhorar? Essa autoavaliação consciente e serena é fundamental para você melhorar continuamente a sua capacidade de executar o planejado.

Cuidar

Finalmente, não se esqueça de cuidar de você mesmo – da sua mente e do seu corpo. Profissionais que não se cuidam não trabalham no melhor da sua *performance*. Procure alimentar-se de forma saudável, dormir bem, fazer exercícios e pequenas pausas durante o dia. Isso vai lhe dar mais energia e motivação.

3. Barreiras no controle e ajuste

1. No planejamento	2. Na execução em si	3. No controle e ajuste
• Falta foco. • Falta claridade. • Falta responsabilização. • Resistência camuflada.	• Desistimos ou desviamos. • Procrastinamos.	• Não acompanhamos. • Não há *feedback*. • Não há ajuste.

Finalmente, há barreiras de controle e ajuste. Como comentamos, esse é o tema do nosso próximo e último passo da pirâmide. No entanto, para que tenhamos uma visão do todo que pode atrapalhar a nossa ação sobre os planos – antes da execução, durante ou depois dela –, vale registrar aqui como tais barreiras impactam diretamente a nossa capacidade de executar planos.

De forma bem resumida, apresentamos as três barreiras e como lidar com elas. O próximo capítulo aprofundará e detalhará esse assunto.

3.1 Não há acompanhamento

Não podemos assumir que as ações dos planos estão sendo feitas. Precisamos fazer uma autoavaliação frequente se estamos trabalhando nas prioridades, como exposto anteriormente; também precisamos checar se as pessoas estão fazendo o planejado. Isso não é falta de confiança, mas compromisso seu com o negócio, e demonstra a importância que você dá para as coisas.

Não há gestão sem acompanhamento. Pelo simples fato de um acompanhamento periódico existir, as coisas já acontecem mais.

3.2 Não há *feedback*

Se a ação sobre o planejado está acontecendo, e os resultados estão vindo, é preciso reconhecer isso, reforçando o comportamento das pessoas. Se a ação não está acontecendo, é necessário um *feedback* de melhoria. As pessoas precisam ter clareza do que precisa ser resolvido. Se não há consequência para não executar o planejamento, a tendência, então, é que ninguém faça isso mesmo. Simples assim.

3.3 Não há ajuste

Se o plano está sendo executado como desenhado, porém as

metas não estão sendo batidas, provavelmente o plano não é correto e/ou suficiente para entregar as metas.

Nesse caso, é preciso reavaliar o plano, discutindo os ajustes necessários e partindo novamente para a ação. Continuar a executar de forma desenfreada algo que comprovadamente não está trazendo resultados não é qualidade de execução – é teimosia, no mau sentido do termo.

* * *

Decidir não é a mesma coisa que fazer.

O seu plano é, na prática, aquilo que você executa e não o que está em um papel, quadro ou *slide*.

Quadro-resumo: Ação	
Definição	Capacidade de concluir o planejado no dia a dia – no prazo, por completo e corretamente.
Importância	O planejamento, por si só, não traz resultado nenhum. O que executamos do planejamento é que vai trazer resultados.
Como fazer	**Planejamento.** Evite barreiras no planejamento, fazendo planos focados, claros e com donos. Além disso, contenha a resistência camuflada aos planos, dando abertura na hora de discuti-los, exigindo compromisso na hora de executá-los e comunicando clara e repetidamente o que precisa ser feito. **Execução.** Não desista nem se desvie do plano sem razão para isso. Controle a ansiedade da empresa por resultados imediatos, executando com consistência o plano. Se algo no plano precisar ser mudado, não deixe isso solto – comunique e justifique a mudança, redirecionando as pessoas para o novo plano. Além disso, não procrastine. Acredite no plano, priorize o seu trabalho, simplifique o que for possível, concentre-se para atividades mais complexas, delegue trabalho, avalie o progresso e cuide da sua saúde. **Controlar e ajustar.** Acompanhe se o plano está sendo executado. Dê *feedback* positivo para reforçar se a execução está acontecendo e os resultados estão aparecendo. Se a ação não está ocorrendo, dê *feedback* de melhoria. Finalmente, se os planos estão sendo executados, mas as metas não estão sendo batidas, reveja os planos e parta novamente para a execução.

Erros comuns

Todos já apontados durante o capítulo!

Para você refletir

Por que é comum as pessoas acharem que o planejamento é mais importante e "nobre" que a execução? Como você as convenceria de que isso não é verdade?

_____
_____
_____
_____

Pela sua experiência, o que é mais difícil: fazer um bom planejamento, ou colocar esse planejamento em prática? Por quê?

_____
_____
_____
_____

■ Para você exercitar

Entre as barreiras à execução comentadas neste capítulo, quais você julga que aparecem mais onde você trabalha? Defina que ações você poderia tomar para reduzi-las ou eliminá-las, e coloque-as em prática.

_____
_____
_____
_____
_____

Inicie o seu dia fazendo uma lista do que você precisa ver acabado até o fim do dia. Fique atento a essa lista o tempo todo, procurando investir a maior parte do seu tempo nela. Depois de uma semana fazendo isso, avalie os resultados. Você foi mais produtivo? Sentiu-se melhor?

_____
_____
_____
_____

PASSO 5:
Chegamos? Ajustes são necessários?

GUIA DA PIRÂMIDE DO FAZER ACONTECER
Ações-chave de cada passo

- PASSO 1: ONDE ESTAMOS E AONDE QUEREMOS CHEGAR?

- PASSO 2: POR QUE NÃO ESTAMOS LÁ?

- PASSO 3: O QUE FAZER?

- PASSO 4: ESTAMOS FAZENDO?

- **PASSO 5: CHEGAMOS? AJUSTES SÃO NECESSÁRIOS?**
  - Controle e ajustes
    - Acompanhar *status* das metas e planos.
    - Discutir de forma transparente o que precisa ser mudado.

Controle e ajustes:
POR QUE E COMO CONTROLAR E AJUSTAR OS PLANOS

Já eram mais de 3 horas de uma tarde fria de julho, e a reunião, novamente, estava atrasada em mais de uma hora. Essa reunião era para acontecer mensalmente com o presidente, mas, por razões que desconheciam, nem sempre ela de fato ocorria.

Estavam esperando do lado de fora da sala, no corredor, o diretor da unidade de negócios e seus gerentes diretos, que eram seis. Os resultados do último mês não tinham sido bons, com vendas abaixo da meta, de forma que estavam todos ansiosos. Finalmente, depois de quase uma hora e meia de atraso, a porta se abriu e foram chamados.

Presidente: Boa tarde. Como sempre, estamos aqui para revisar o mês que fechou e a situação futura de curto e médio prazos. Podemos começar?

Diretor: Sim, claro. O que gostaria de ver primeiro?

Presidente: A reunião é sua. Você decide.

Diretor: Bom, então, vamos ver primeiro o fechamento do mês.

Foi, então, apresentada uma planilha, com dezenas de variáveis, quebradas por cliente, produto e equipe.

Depois de discussões variadas sem muito foco, apareceu um ponto de reuniões anteriores: a falta de preço competitivo de determinado serviço da empresa.

Presidente: E a ideia de levantar um benchmark *de preços da concorrência, como está indo?*

Gerente financeira: Ainda não conseguimos terminá-lo, mas está caminhando.

Presidente: E como estamos em relação aos planos da unidade? Estão sendo implementados?

Para responder a isso, o diretor projeta uma lista com quatro estratégias e diversas atividades de cada uma, e comenta:

Diretor: Estamos caminhando bem. As atividades das duas primeiras estratégias estão, de forma geral, finalizadas. As demais estão no prazo.

Após breve discussão dos planos, o presidente, então, finaliza:

Presidente: Temos um grande desafio para o próximo mês. Conto com a energia de vocês para executar os planos e correr atrás das vendas. Temos muito trabalho pela frente.

> *O ponto crítico* é se você foge dos fatos brutais ao invés de confrontá-los abertamente.
>
> *Jim Collins*

Por acaso, você já vivenciou situações como a anterior? Reuniões para discutir resultados que não acontecem, ou que atrasam frequentemente? Sem pauta definida? Em que não está claro o papel de cada um na reunião? Com relatórios confusos, que mudam a toda hora, são difíceis de entender, e muitas vezes até de enxergar, de tanta informação que possuem? E as pessoas parecem não saber, ou não querer discutir a realidade?

Na opinião de Jack Welch, CEO da General Electric por muitos anos, a principal barreira para uma empresa fazer acontecer é a falta de transparência. Não se conversa de forma franca sobre o que vai mal e o que precisa ser feito. As pessoas não são informadas de como anda a empresa. Os resultados não são cobrados e discutidos aberta e profundamente. As pessoas não têm ideia de como sua *performance* é percebida pela organização.

Uma reunião como a ilustrada anteriormente pouco contribui para fazermos acontecer.

Conceito e importância

O passo 5 é o último – mas não menos importante – da pirâmide do fazer acontecer.

Se os passos 1, 2 e 3 envolveram desenhar um bom planejamento e o 4 envolveu executar esse planejamento, o passo 5 é acompanhar a realidade obtida do ponto de vista do atingimento das metas e do ponto de vista da execução dos planos, ajustando o necessário.

Por que isso é importante? Em essência, é importante por duas razões bem simples:

1. É difícil acertar tudo e na primeira vez. Por melhor que tenha sido o nosso planejamento e e nossa execução, é pouco provável que acertemos rigorosamente tudo, que todos os resultados de todos os nossos planos aconteçam perfeitamente. Um ambiente que muda de forma cada vez mais rápida e um crescente número de variáveis que afetam o negócio comumente exigem diagnósticos adicionais e ajustes nos planos para que se caminhe em direção à meta.

2. "Gostamos" de desistir, desviar ou procrastinar! Como falamos no passo 4, mesmo tendo um bom plano definido, com que todos concordam, muitas vezes desistimos ou desviamo-nos do plano (por ansiedade e falta de decisão), ou procrastinamos (por estarmos "superocupados", por medo de fracassar, por falta de protagonismo, por preguiça mesmo). Precisamos acompanhar para garantir que estamos implementando os planos! Como dissemos anteriormente, pelo simples fato de um acompanhamento periódico existir, as coisas já acontecem mais.

Como fazer na prática

Para o passo 5 ocorrer de forma bem-sucedida, são necessárias sete coisas fundamentais. Vamos a elas.

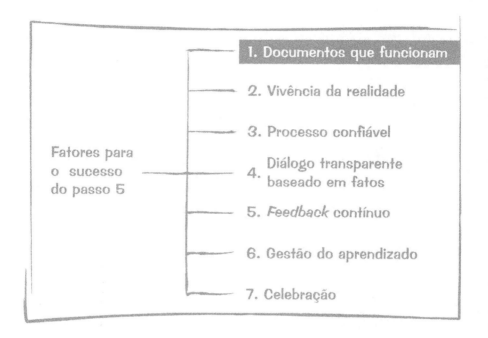

Nada substitui um bom farol de metas e planos.

Quando comecei a trabalhar como gerente de *marketing* de uma categoria, logo vi que tínhamos muitas metas. Planos, então, nem se fale. Alguns eram de responsabilidade da operação local (Brasil); outros, da estrutura regional, que ficava fora do Brasil. Havia diversas pessoas envolvidas. Os prazos eram diferentes.

E o controle de tudo isso?

Feito por meio de um Powerpoint de quase 100 *slides* que mudavam todo mês. Levavam um baita tempo para serem feitos. Outro tanto de tempo era gasto para serem apresentados (era mais de meio dia para rever e discutir tudo). E frequentemente as informações eram confusas e ambíguas, gerando dúvida sobre qual era o real estado das coisas.

Como simplificamos e tornamos esse controle mais efetivo? Por meio de um farol de metas e planos. Um documento simples, que pode ser feito numa planilha Excel. Uma boa estrutura (há variações) é a seguinte ilustrada.

Uma possível estrutura para um farol de metas e planos.

		Metas						Planos			
Objetivo gerencial	Indicador	Valor atual	Valor meta	Prazo	Responsável	*Valor real*	O quê	Como	Quem	Quando	*Status*
1. XX	...	...	...	...	...	...	a) ...	...	...	...	...
							b) ...	...	...	...	...
							c) ...	...	...	...	...
2. XX	...	...	...	...	...	...	a) ...	...	...	...	...
							b) ...	...	...	...	...
							c) ...	...	...	...	...
3. XX	...	...	...	...	...	...	a) ...	...	...	...	...
							b) ...	...	...	...	...
							c) ...	...	...	...	...
4. XX	...	...	...	...	...	...	a) ...	...	...	...	...
							b) ...	...	...	...	...
							c) ...	...	...	...	...

Nota: As células da coluna "valor real" e "*status*" receberão cor (verde, amarela ou vermelha) de acordo com o realizado *versus* o planejado.

Qual a ideia central do farol? Organizar de forma resumida todas as metas e os planos – seja de uma pessoa, seja de um projeto, seja de uma equipe, seja de uma área, seja, em última instância, da empresa – bem como o *status* deles, em um documento:

Único – e não diversos acompanhamentos distintos, que não dão uma visão do todo que se quer controlar e tornam o processo de controle em si mais trabalhoso e sujeito a erros.

Simples – preferencialmente de uma página impressa, levando bem menos tempo para ser criado, atualizado e discutido. Note que a maior parte das informações vem do passo 3 já realizado (metas e planos). As únicas informações novas são os resultados reais obtidos e a informação de que planos foram executados na prática.

Visual – em que é facilmente identificável o que está indo bem e o que não está, por meio do uso de cores – verde para resultados em linha, ou acima de meta, e planos sendo executados no prazo; amarela para resultados pouco abaixo da meta e planos com pequenas imperfeições de execução; vermelha para resultados abaixo das metas e planos com execução muito aquém da planejada.

Além do farol de metas e planos, há um segundo documento importante no passo 5: o relatório 3G, também conhecido como relatório três gerações, ou fato-causa-ação. Pode ser interessante padronizar a estrutura desse relatório, que deve ser utilizado apenas para as metas que não estão sendo batidas. O intuito é simples e objetivo: para cada meta que não é batida, devem-se explicitar o que foi planejado (passado); os resultados atuais e o que do plano foi, de fato, executado e as causas para ambos (presente); o novo plano ajustado para resolver os desvios de resultado e execução (futuro).

Uma possível estrutura para esse documento é a que vem a seguir.

Uma possível estrutura para um farol 3G.

Relatório 3G	— Passado —	— Presente —		— Futuro —
	Planejado	Resultados	Causas	Ações
Meta	...			
Planos	...			
	...			
	...			

Nota: As células da coluna "resultados" receberão cor (verde, amarela ou vermelha) de acordo com o realizado *versus* o planejado.

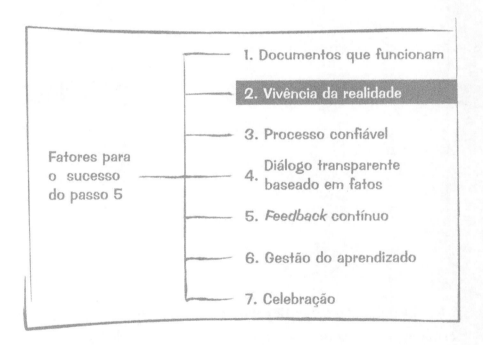

Costumo brincar que meu próximo livro vai ser sobre um sujeito que se perdeu numa célula do Excel...

Sim, documentos são importantes, mas não substituem a vivência da realidade "lá fora". Saia do escritório e vá ver os problemas e as oportunidades *in loco*. Observe e converse com consumidores, fale com fornecedores e distribuidores, veja o que a concorrência está fazendo.

Mesmo onde trabalhamos é comum termos vivência limitada. Exemplos: uma pessoa de *marketing* discute um problema de fabricação sem nunca ter visitado a fábrica; uma pessoa do *call center* nunca usou o produto sobre o qual tira dúvidas. Não faz sentido, faz?

Saia da "bolha"! Vivencie. Vá onde a ação acontece. Você será capaz de controlar e ajustar melhor os seus planos.

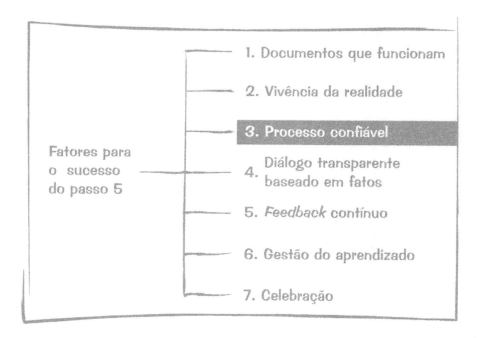

Definir um processo de controle e ajuste confiável envolve definir claramente duas coisas: as reuniões e as responsabilidades.

Reuniões

Vale ressaltar que o processo de controle e ajuste é fundamental. No entanto, em termos de tempo dedicado por passo da pirâmide, é imperativo que a maior parte esteja alocada para planejar e, principalmente, executar o planejado, *versus* acompanhar e reportar o *status* das coisas. Já vivi situações em que se gastava mais tempo controlando do que executando, o que não parece fazer muito sentido (é a execução, e não o controle, que traz resultados).

Tendo esse princípio em mente, é preciso definir (1) quantas serão as reuniões de acompanhamento (dica: não muitas); (2) qual a periodicidade e a duração delas (dicas: é preciso um acompanhamento frequente, mas não exagerado, e a duração deve ser a mais curta possível, sem que, é claro, se perca profundidade na discussão); (3) quem participa de cada reunião (dica: somente as pessoas realmente necessárias, que têm conexão direta e podem contribuir com o que vai ser discutido).

Importante: o fato de existirem reuniões formais periódicas de controle e ajuste não quer dizer, é claro, que elas são os únicos momentos em que isso pode ser feito. A dinamicidade dos mercados comumente pede que informações sejam coletadas, processadas, consolidadas e divididas de forma cada vez mais rápida. Novas evidências importantes e urgentes devem ser tratadas como tal. Atente, porém, para não tratar tudo que aparece de "novo" como importante e urgente, para não se desviar da execução do planejamento desnecessariamente.

Responsabilidades

O segundo aspecto fundamental do processo de controle e ajuste é definir claramente as responsabilidades: quem faz o agendamento das reuniões, preferencialmente com muita antecedência – é incrível como conflitos de agenda e sala ocorrem em organizações –; quem prepara os documentos; quem conduz a discussão na reunião em si; quem sintetiza decisões e próximos passos.

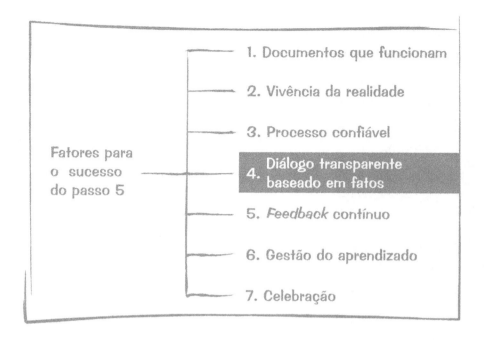

O conhecido cartunista Adão Iturrusgarai tem como uma de suas criações o "indefectível" Homem-Legenda. A ideia desse "super-herói" é bem simples. Ele passa voando e "legenda" o que as pessoas dizem, ou seja, fala o que as pessoas, na verdade, estão pensando.

Às vezes, fico imaginando o quanto o Homem-Legenda seria útil em reuniões corporativas...

Diretor: João, como estamos em relação ao plano XYZ?
João, o gerente: Estamos caminhando bem.
Homem-Legenda, legendando o João: Caramba, faz três meses que não vejo isso!

De nada adianta termos os documentos criados e um processo definido se, na hora da discussão, não se conversa de forma franca e fundamentada sobre os resultados, os planos e o que precisa ser feito de diferente.

O diálogo transparente e sustentado por informações de qualidade está no coração de uma organização que faz acontecer. Ele precisa ser honesto, franco, direto, informal – e é comum que seja mesmo difícil, na árdua busca do entendimento do estado das coisas e do que precisa ser feito. Do contrário, teremos apenas reuniões vazias, de discussões abstratas, baseadas em percepções e achismos – reuniões "helicoidais", como gosto de dizer, isto é, dão voltas e voltas, mas não chegam a lugar nenhum.

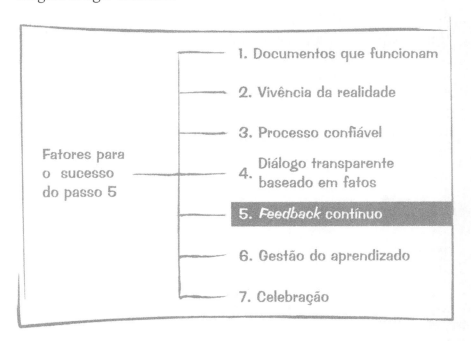

Complementando a discussão sobre diálogo transparente, o *feedback* precisa ser contínuo.

Algo importante vai bem? Reconheça prontamente, valorizando e reforçando os resultados obtidos e os comportamentos observados – não, é claro, todo e qualquer resultado ou comportamento positivo, do contrário o *feedback* tenderá a ter a sua importância diminuída.

Algo vai mal? É preciso dizer isso ao responsável de forma clara, justa, tranquila e impessoal – foco nos resultados e nos comportamentos observados, não na pessoa em si. Todos precisam saber, de forma inequívoca e transparente, por meio de seus líderes, como tem sido seu desempenho e o que precisam melhorar, contando com o suporte deles para isso. Se a *performance* está continuadamente abaixo da expectativa, é ainda mais importante que (1) a pessoa tenha total clareza disso e (2) receba oportunidade de progredir. Caso a melhora não se concretize, deve resultar em realocação dentro da empresa (caso essa alternativa se mostre promissora), ou em demissão.

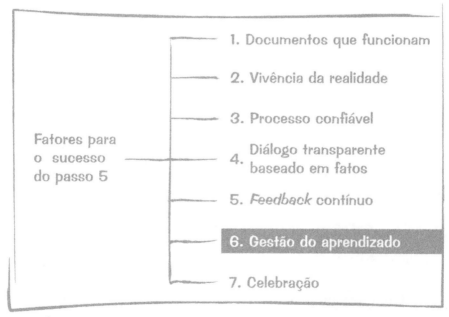

À medida que fazemos planos, os executamos e obtemos resultados, há aprendizados para a organização do que funciona e do que não funciona.

O problema? Tais aprendizados não são devidamente capturados, sistematizados, tornados acessíveis e divididos proativamente com as pessoas. Resultado: não utilizamos os aprendizados! Repetimos erros cometidos no passado. Deixamos de voltar a fazer e expandir planos vencedores. Perdemos tempo controlando e ajustando coisas que deveriam funcionar de primeira, se soubéssemos como foi feito anteriormente.

Não deixe que isso ocorra. A liderança deve estimular e cobrar a gestão do conhecimento. Conheço empresas com intranets, onde os interessados podem fazer uma pergunta de negócio (por exemplo, "como aumentar preços?") e logo aparecem documentos com melhores práticas, casos reais bem-sucedidos e malsucedidos e o nome de *experts* no assunto no mundo, caso você queira falar com eles. Compare isso com o outro extremo: a cada vez que se considerar aumentar preços, ter que pensar em como fazer, nos riscos etc. Que organização é mais produtiva e vai trazer mais resultados?

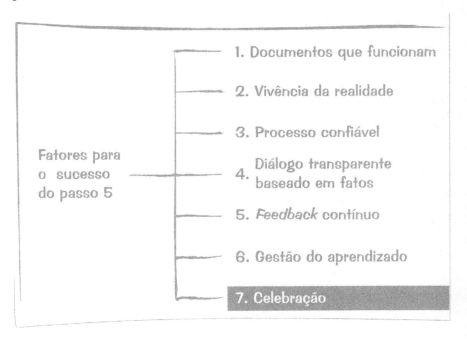

O dia a dia nas empresas não é fácil. A discussão sobre problemas, metas e resultados é frequente e, muitas vezes, extenuante.

Mas um bom trabalho comumente resulta em grandes resultados: uma liderança de mercado que é atingida, uma inovação feita em tempo recorde, um novo processo que economizou muito em custos, uma premiação por ser a melhor empresa para se trabalhar.

Essas grandes realizações merecem celebrações que marquem o acontecimento, merecem algo diferente, não um simples *feedback* para os envolvidos. Celebre, curta o momento e o resultado com as pessoas. Lembre-se de que o reconhecimento é uma grande alavanca de engajamento.

* * *

Às 14 horas em ponto a reunião começou. Já fazia um ano que ela acontecia no mesmo dia e horário. O trimestre anterior tinha sido excelente, com vendas recordes, a ponto de todos terem celebrado em um grande jantar. A situação agora era diferente.

O farol de metas e planos, cuidadosamente preparado com antecedência, logo foi entregue aos participantes e projetado na tela. Rapidamente se passou pelo que estava indo bem.

Então, iniciou-se uma discussão aberta sobre as resultados que estavam abaixo das metas, tendo como documento de suporte um relatório 3G, além de um outro auxiliar que resumia o que se tinha visto em dezenas de visitas a campo feitas nas últimas duas semanas. Percepções infundadas eram logo eliminadas com fatos e dados.

Havia muito o que melhorar, mas a sensação geral era de progresso concreto e alinhamento sobre qual era o estado do negócio e o que precisava ser feito.

A reunião acabou com próximos passos claros e responsabilidades definidas. Todos saíram reenergizados para fazer acontecer.

	Quadro-resumo: Controlar e ajustar
Definição	Acompanhar a realidade obtida do ponto de vista do atingimento das metas e do ponto de vista da execução dos planos, ajustando o necessário.
Importância	• **É difícil acertar tudo e na primeira vez.** Por melhor que tenha sido o nosso planejamento e a nossa execução, é pouco provável que acertemos tudo. • **"Gostamos" de desistir, desviar ou procrastinar.** Precisamos acompanhar para garantir que estamos implementando os planos.
Como fazer	São necessárias sete coisas fundamentais: 1. **Documentos que funcionam.** Um farol de metas e planos único, simples, e visual. Um relatório 3G para as metas que não estão sendo batidas. 2. **Vivência da realidade.** Conhecer as diversas áreas e funções da empresa; conhecer o mundo "lá fora": clientes, consumidores, concorrentes, fornecedores, distribuidores. 3. **Processo confiável.** Formalizar as reuniões (quantidade, periodicidade, duração, participantes) e responsabilidades (quem agenda, quem prepara, quem conduz a reunião, quem sintetiza decisões e próximos passos). 4. **Diálogo transparente e baseado em fatos.** Nas reuniões, dialogar de forma transparente e fundamentada para entender o estado do negócio e o que precisa ser feito. 5. ***Feedback* contínuo.** Todas as pessoas precisam saber como estão se desempenhando em seus trabalhos e o que precisam melhorar – de forma inequívoca. 6. **Gestão do aprendizado.** Capturar, sistematizar, tornar acessível e dividir os aprendizados, evitando repetir erros e expandindo acertos. 7. **Celebrações.** Grandes realizações merecem ser celebradas – isso traz reconhecimento e engajamento.

Erros comuns

Alguns erros mais recorrentes que cometemos ao controlar e ajustar são os seguintes:

- **Cria-se um farol de acompanhamento muito complexo**
  Já conheci uma fábrica que tinha 192 indicadores de acompanhamento... Na prática, podemos dizer que não tinha nenhum. Imagine o trabalho para atualizar e revisar o farol. Concentre seu farol nas metas críticas, de forma clara e transparente – detalhe somente o necessário, caso a caso.
- **Falta clareza ou consistência no cálculo dos resultados reais obtidos**
  Um clássico, especialmente se as metas não foram bem-definidas (passo 3). Consequência: gasta-se muito tempo, em várias reuniões, discutindo e questionando o *cálculo* do resultado (como foi feito, se está realmente certo, se não deveria ser calculado de outra forma etc.) e não o *resultado em si*, causas dele e ações a serem realizadas. Reuniões de acompanhamento tornam-se, então, improdutivas, repetitivas e cansativas. Deixe 100% claro no início como tudo é calculado e cheque três vezes os números antes de levá-los a uma reunião de controle e ajuste.
- **Métricas diferentes por país**
  Outro clássico em empresas multinacionais: todos querem medir a mesma coisa, como a satisfação do cliente, por exemplo, mas cada um faz de uma forma diferente. Isso gera complexidade e dificulta sobremaneira a comparação de

resultados e identificação de melhores práticas. Simplesmente não faz sentido cada lugar ter um indicador se a lógica do negócio é a mesma. Busque corrigir isso na raiz (passo 3: definição das metas).

- **Falta consistência na atualização e na revisão do farol**
  Também acontece muito. O farol vai bem na primeira revisão. Passa-se um tempo, e as informações não são atualizadas no prazo que deveriam, aparecem erros nos valores reais atuais, incluem-se outras métricas sem razões aparentes claras, as reuniões de revisão são frequentemente adiadas ou canceladas. Resultado: perde-se o acompanhamento e, por consequência, a capacidade de ajustar o rumo do negócio.

- **Nega-se o que vai mal**
  Não há como fazer acontecer se não se reconhece o que não está indo bem. Em entrevista, Carlos Brito, brasileiro que é CEO mundial da ABInbev, disse: "Nas reuniões, sempre falamos do que não está dando certo". Para Michael Dell, *chairman* da Dell Computers, "a pior coisa que você pode fazer como um líder é estar em negação... é bem melhor você dizer abertamente 'olha, as coisas não estão funcionando, aqui é o que está errado, isso é o que faremos para resolver'". Transparência, honestidade, franqueza. Algo não vai bem? Reconheça, entenda as causas, ajuste os planos e parta novamente para a ação.

- **Falta *feedback***
  Não se cria uma cultura de fazer acontecer sem *feedback* contínuo. Realizações devem ser reconhecidas. Resultados abaixo da meta devem gerar cobrança. Ponto.

■ Para você refletir

Por que a transparência é fundamental no passo 5 de controlar e ajustar?

_____
_____
_____
_____

Com base no que foi discutido neste capítulo, como têm sido as reuniões de que você tem participado? O que tem funcionado? O que é possível melhorar? Como você pode contribuir com isso?

_____
_____
_____
_____

Você e sua empresa têm celebrado conquistas importantes? Por quê? É possível melhorar?

_____
_____
_____
_____

Para você exercitar

Caso ainda não exista, crie um farol de metas e planos para a área em que você trabalha. Proponha às pessoas que trabalhem com ele.

_____
_____
_____
_____
_____

Defina duas coisas que você pode passar a fazer todo mês para "vivenciar a realidade" no seu trabalho, e teste fazê-las. Exemplos: falar com clientes e visitar fornecedores.

_____
_____
_____
_____
_____

Conclusão:
A ESSÊNCIA PARA FAZER ACONTECER

Fazer acontecer pode ser definido como a capacidade de entregar resultados, apesar das barreiras, com as pessoas, de forma ética.

Este livro apresentou um método pragmático para fazer acontecer, com cinco passos definidos por meio de perguntas:

Passo 1: Onde estamos e aonde queremos chegar?

Passo 2: Por que não estamos lá?

Passo 3: O que fazer?

Passo 4: Estamos fazendo?

Passo 5: Chegamos? Ajustes são necessários?

Qual a essência desse método?

São três pontos: foco no planejamento (passos 1, 2 e 3), disciplina na execução (passo 4) e transparência no acompanhamento (passo 5).

Não importa se você é um grande executivo ou um pequeno empreendedor, se é líder de si mesmo ou de diversas pessoas, ou qual o tamanho do seu desafio. Esses pontos são a essência do método para fazer acontecer e, quando aplicados consistentemente, vão ajudá-lo a entregar resultados excepcionais.

Os passos 1, 2 e 3 do método são sobre fazer um bom planejamento. E fazer um bom planejamento, em síntese, significa definir o foco: o que vai ser feito e quem vai fazer.

Para realizar um planejamento efetivo, tenha especial atenção aos seguintes pontos:

- **Pense grande**
  Demonstre uma profunda paixão pelo que você quer realizar. Comunique-a clara e continuamente a todos os envolvidos. Ofereça algo às pessoas em que elas acreditem e com o que possam se beneficiar, e você terá o comprometimento delas.
- **Nunca pare de aprender**
  Faça perguntas. Busque respostas. Ouça as pessoas, chegue às causas dos problemas. Conheça o seu negócio como ninguém. Seja curioso, questionador, aberto a novas ideias. Conecte-se com o restante do mundo: entenda seus clientes, parceiros, fornecedores, competidores. Avalie os riscos, busque soluções inovadoras, mas não queira reinventar tudo. Aprenda e adapte de quem já fez bem.
- **Aterrisse o planejamento em metas e planos concretos**
  Planeje sem fumaça intelectual ou ideias abstratas. Tenha metas definidas de forma Smart. Faça planos fortes, simples e suficientemente detalhados, de modo a deixar evidente o

que deve ser feito, com responsabilização clara, que crie senso de dono. E não fuja de decisões difíceis. Defina o necessário para buscar o resultado.
- **Use incentivos**
Defina os incentivos certos para manter o foco definido e alavancar e reconhecer o desempenho das pessoas.

Sim, o planejamento é importante, mas o que traz resultado é o quanto dele é na prática executado (passo 4). Então:

- **Seja um exemplo**
Execute com rigor e intensidade o que lhe cabe. Desse modo, você vai inspirar as pessoas a fazer o mesmo e construir a credibilidade indispensável para cobrar delas tal comportamento, quando isso for necessário.
- **Valorize e promova uma cultura de execução**
Reconheça e recompense pelo que é feito, e não pelo que é dito ou planejado.

Finalmente, é indispensável haver transparência dos resultados e das ações planejadas – para o negócio e para as pessoas (passo 5). Dessa forma:

- **Esteja onde está a ação**
Tem que sujar a mão, entrar no detalhe, ver as coisas com seus próprios olhos. Um Excel não vai resolver todos os seus problemas. Vá além dos números. Conheça as pessoas, seus interesses, as relações informais. Para mudar um ambiente, você precisa primeiro fazer parte dele.

- **Busque a verdade**

    Quando não se conversa sobre o que vai mal, a empresa patina. Crie um processo de acompanhamento simples e confiável. Faça poucas reuniões. Considere os poucos e grandes números que importam. Mantenha um diálogo honesto, abrangente, construtivo e voltado ao aprendizado e à ação, em oposição ao tradicional jogo, nas empresas, de negação e do "a culpa é da área tal, que não fez X".

- **Desenvolva as pessoas**

    Estabeleça uma conexão pessoal com elas. Esteja à disposição. Alinhe claramente expectativas e faça avaliações formais, com *feedbacks* contínuos, diretos e sinceros, dando suporte ao crescimento delas.

* * *

Nunca "acabamos" de fazer acontecer. A melhoria é contínua.

As barreiras não são poucas, e é quase inevitável nos frustrarmos algumas vezes com elas.

Mas não desista. Seja otimista. Acredite que você vai prevalecer no final. Foque o que precisa ser feito. Ajuste o rumo quando necessário, mas não desista do seu sonho.

O impossível é apenas temporário.

Tenha a atitude e os comportamentos de quem quer ser o melhor do mundo no que faz.

Em algumas coisas você vai chegar lá. Em outras não.

Mas, nessa jornada, você sempre se tornará uma pessoa melhor. E isso é o mais importante.

Faça acontecer!

Você vai fazer diferente?

Se você está lendo isto, provavelmente leu este livro, ou ao menos parte dele.

É provável – assim esperamos! – que você tenha encontrado aqui conceitos e ferramentas que queira aplicar no seu dia a dia. Ótimo! Temos já uma atitude positiva ao que aqui foi exposto.

Porém...

> **ATITUDE** é apenas uma **disposição intelectual ou afetiva** em relação a algo.

> **COMPORTAMENTO,** conceito bem diferente, é o que, de fato, **a pessoa faz.**

O que vai fazer a diferença para você e para a empresa em que você trabalha são os novos comportamentos gerados por meio da leitura, da reflexão e da prática do que foi discutido neste livro. Essa é a chave.

E uma ferramenta que comprovadamente ajuda a adotar novos comportamentos é escrever os seus próprios "objetivos de mudança". Então, fica aqui a sugestão: responda às perguntas a seguir e defina os seus compromissos – e volte frequentemente a eles, para se certificar de que está aplicando os aprendizados.[1]

---
1. Se quiser saber mais sobre o assunto, veja o livro *Expertise em aprender* (Jucá 2014).

Objetivos de mudança

Objetivos

Escreva aqui as ações concretas que você quer adotar.
O que você vai fazer diferente?

_____

_____

Para fortalecer o seu compromisso com os objetivos listados, responda a estas perguntas:
O que ganha com isso?

_____

_____

O que perde se não fizer?

_____

_____

Práticas

Registre aqui que estratégias você vai usar, no dia a dia, para realmente conseguir atingir seus objetivos de mudança.

- ( ) Fazer um compromisso público com a mudança.
- ( ) Criar mecanismos para lembrá-lo constantemente de seus objetivos.
- ( ) Pedir ajuda e apoio de outras pessoas.
- ( ) Dividir o seu objetivo de mudança em minimetas.
- ( ) Estabelecer "recompensas" que o incentivem a mudar.
- ( ) Antecipar obstáculos à mudança e pensar em como superá-los.
- ( ) Bloquear um tempo semanal na agenda para checar seu progresso.
- ( ) Outra estratégia: _____

_____

Apêndice A:
12 PRINCÍPIOS PARA REUNIÕES QUE FAZEM ACONTECER

As reuniões do mundo corporativo estão cada vez menos produtivas. Dentre os problemas comumente reportados, ouvimos frases como:

- Nunca começam no horário... nem terminam.
- As discussões são intermináveis.
- Há muita gente.
- As informações não são pertinentes.
- Não se decide.
- Muitos assuntos são tratados ao mesmo tempo.
- Há pessoas fazendo outras coisas.
- Há muitas reuniões, algumas delas desnecessárias.

Apesar desses problemas, reuniões são uma importante ferramenta de trabalho em equipe e colaborativo. Elas são tipicamente categorizadas em quatro tipos, conforme o seu propósito:

Decisão	Informação	Discussão	Times
Tomar decisões sobre situações específicas.	Dividir ou obter informações relevantes.	Apresentar ou criar novas ideias; discutir cenários.	Desenvolver pessoas (dinâmicas, jogos, discussões).

Para que você tenha reuniões que fazem acontecer, sejam elas de qualquer um dos quatro tipos, sugerimos 12 princípios, que serão brevemente explicados, organizados conforme a sequência lógica de uma reunião:

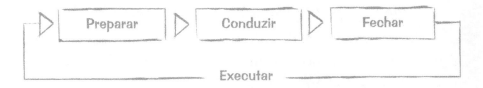

Preparar

1. Objetivos e agendas claros e concisos

Procure a resposta para as seguintes perguntas – é onde tudo começa.

- **Precisamos mesmo de uma reunião?**
  Cheque se o assunto é *realmente* importante e se precisa ser revisto em conjunto e presencialmente (ou se não basta um rápido telefonema, ou apenas compartilhar uma informação por *e-mail*). Provavelmente, ao fazer isso você vai descobrir que várias reuniões feitas atualmente são, na verdade, desnecessárias.
- **Qual o objetivo final dela?**
  Se você julga que a reunião é de fato necessária, então defina exatamente o que espera dela. Em outras palavras, o que é sucesso para a reunião? Um novo plano? Uma decisão sobre um determinado assunto?
- **Qual a melhor forma de atingir o objetivo?**
  Finalmente, dado o seu objetivo, defina o que precisa ser feito – quais informações são necessárias, quais ações antes da reunião precisam ser realizadas (exemplo: terminar uma análise sobre a concorrência etc.).

2. Apenas os participantes certos, com papéis definidos

Outro grande problema de reuniões é o enorme número de pessoas envolvidas desnecessariamente. Antes de sair convidando várias pessoas, avalie se cada uma delas é realmente necessária para a reunião.

Além disso, especialmente se a sua reunião é para *decidir* algo, não basta definir *quem* vai participar, é preciso definir o *como* também.

A ferramenta Pace pode ajudar nisso, pois ela define basicamente quatro possíveis papéis para uma pessoa em uma reunião de decisão, conforme o quadro a seguir.

Papel	Responsabilidade	Perfil desejado da pessoa	Número de pessoas
P – dono do processo	Conduzir todo o processo decisório.	Analítica, organizada, ouve muito, tem credibilidade.	Apenas uma.
A – aprovador	Ser o dono da decisão e dos resultados.	Com muito conhecimento do tema, tem autoridade para decidir.	Apenas uma.
C – contribuidor	Contribuir para uma decisão melhor.	Com muito conhecimento do tema, comunica-se de forma clara e objetiva.	Todas as necessárias.
E – executor	Executar a decisão como planejado.	Capacitada para executar, para remover barreiras, "joga pro time": aceita decisões contrárias.	Podem ou não ser convocadas para a reunião – quando são, viram também contribuidores.

3. Pré-trabalho claro e com antecedência

Se existe a necessidade de algum pré-trabalho, oriente as pessoas sobre o que se espera delas, com clareza e com a antecedência necessária para a reunião.

Busque manter o pré-trabalho curto e o prazo realmente suficiente, do contrário são grandes as chances de nada acontecer na prática.

4. Agendamento eficiente

É a "logística" da reunião. É algo básico, mas que quando é malfeito, pode torná-la impraticável. Em essência, um agendamento eficiente pressupõe:

- **Antecedência mínima**
  Marcar reuniões de hoje para amanhã, urgentes, deveria ser uma exceção, e não a regra.
- **Objetivos e agenda claros para os participantes**
  Assim, todos sabem para que estarão lá, e qual a contribuição que podem dar.
- **Horário de começo e fim**
  Um clássico: muito comumente reuniões só têm horário para começar. Estabeleça horário de começo e de fim também, suficientes para os objetivos/agenda planejados.
- **Local e equipamentos adequados**
  Básico. Sala, número de cadeiras, projetor se necessário etc.
- **Outras questões, se aplicável**
  Se estivermos falando de uma reunião de trabalho mais longa, considere a necessidade de bebidas e comidas, paradas para que as pessoas possam ir ao banheiro etc.

Conduzir

5. Começo no horário

Respeite o tempo das pessoas. Comece no horário. Se todos em uma empresa fizerem isso de forma contínua, gradualmente as pessoas vão perceber que perdem informações ao chegarem atrasadas. E as reuniões vão, naturalmente, se tornar mais pontuais.

De outra forma, dê sempre aqueles "15 minutinhos" de espera, e logo eles virarão 30 minutos, pois todo mundo pensará: "Nunca começa no horário mesmo".

6. Abertura efetiva

Na abertura, o coordenador da reunião presta um grande serviço a todos ao relembrar de forma clara e sintética por que estão todos ali.

Gosto da "fórmula Idda" para fazer isso:

> "Os objetivos desta reunião são **i**nformar X e/ou **d**iscutir Y e/ou **d**ecidir Z.
> Para isso, vamos seguir esta **a**genda."

7. Coordenador eficiente

O coordenador da reunião – a pessoa responsável por sua organização e seu sucesso – tem um papel fundamental. Ele deve procurar fazer muito bem cinco coisas:

Ouvir	Explorar ativamente as ideias de todos na reunião.
Esclarecer	Solicitar esclarecimentos sobre ideias apresentadas.
Focar	Trazer a discussão para o foco; conter longas falas/discussões.
Sumarizar	Resumir periodicamente o que foi discutido.
Gerenciar o tempo	Alocar e relembrar horários para acelerar/adiar pontos.

No entanto, é claro que não apenas o comportamento do coordenador, mas de cada pessoa, constrói uma reunião efetiva. Então ressaltamos algumas sugestões básicas de como se portar em uma reunião em que você não é o coordenador:

- Ouça todos, atentamente.
- Pense antes de falar, organizando suas contribuições.
- Fale quando tem algo a agregar.
- Fale no momento certo (sem pular tópicos ou retomar pontos fechados).
- Dê suporte às suas ideias com evidências.
- Monitore seus sinais não verbais.

8. Sem interrupções

O uso de celulares ou *laptops* atrapalha muito as reuniões. Para evitar isso, faça um "pacto" com os participantes no começo da reunião. Reforce os seus objetivos, a sua importância e a sua duração, solicitando educadamente a todos que, durante esse tempo, não usem celulares ou *laptops*, a não ser em verdadeiras urgências.

Fechar

9. Conclusões claras e documentadas

Este é, talvez, um dos pontos mais críticos para uma reunião efetiva. Nada vai acontecer se as pessoas não saírem da reunião com tudo o que foi falado muito claro. No final da reunião, o coordenador deve procurar sintetizar para todos as conclusões-chave.

Porém, temos memória curta; então, documente o concordado e compartilhe com todos depois.

10. Próximos passos definidos

Em conexão com o item acima é importante estabelecer os próximos passos, que precisam ser ações concretas, já com definição de responsáveis e de datas.

11. Questões indefinidas ou novas mapeadas e planejadas

É possível que algum objetivo da reunião não se cumpra – por exemplo, conclui-se que mais informações são necessárias, ou que não houve tempo hábil para discutir com profundidade tudo o que se pretendia. Nesse caso, deixe claro que ainda há questões indefinidas, que precisam ser revisitadas. Se apropriado, já agende uma nova reunião para isso.

Outra possibilidade relativamente comum é surgirem novas questões, não identificadas antes da reunião. Cuidado para não desviar o foco quando isso acontece – a não ser que todos, ou a pessoa mais sênior presente, concordem que o novo ponto precisa ser discutido imediatamente. O melhor a ser feito costuma ser reservar as novas questões para, ao final da reunião, resgatá-las e decidir o que fazer com elas.

12. Avaliação para melhoria contínua

Há um ponto raramente utilizado nas organizações, mas que ajudaria muito a tornar as reuniões mais efetivas. Ao final, pare por três minutos e discuta: como foi essa reunião? Depois de uma avaliação geral, faça perguntas específicas sobre os princípios para reuniões efetivas. Por exemplo: o pré-trabalho foi definido e feito? Começamos no horário? Não houve interrupções? As conclusões estão claras?

Logo vai ficar claro para todos o que foi bem e o que poderia ter sido melhor. E essa avaliação vai tornar suas reuniões cada vez melhores.

Executar

É óbvio que reuniões não servirão para nada se o que se acordar nelas não for realizado.

Então, execute o combinado.

Em síntese, então, estes são os 12 princípios para reuniões efetivas:

Preparar	Conduzir	Fechar
1. Objetivos e agendas claros e concisos	5. Começo no horário	9. Conclusões claras e documentadas
2. Apenas os participantes certos, com papéis definidos	6. Abertura efetiva	10. Próximos passos definidos
3. Pré-trabalho claro e com antecedência	7. Coordenador eficiente	11. Questões indefinidas ou novas mapeadas e planejadas
4. Agendamento eficiente	8. Sem interrupções	12. Avaliação para melhoria contínua

Executar

Apêndice B:
CINCO TIPOS DE APRESENTAÇÃO QUE FAZEM ACONTECER

Apresentações no mundo corporativo são importantes. Elas podem representar o sucesso ou o fracasso de uma ideia, de um plano, de um projeto.

Há, pelo menos, cinco tipos de apresentação comumente feitos nas empresas, conforme a *pergunta que se propõem a responder*.

Tipos de apresentação	Objetivos
1. O que fazer?	Recomendar uma **solução específica** para algum problema ou oportunidade.
2. Que caminho seguir?	Optar por **alternativas de solução** para algum problema ou oportunidade.
3. Como estamos?	Atualizar o *status* de um determinado tema que está em andamento.
4. Como fizemos?	Compartilhar **o que foi feito e os aprendizados** sobre tema já concluído.
5. Como funciona?	Instruir **o que fazer** sobre determinado tema.

Uma das causas mais comuns para apresentações inefetivas, independentemente do seu tipo, é uma argumentação desestruturada.[1] Levante a mão quem nunca viu uma apresentação longa demais, sem conclusão evidente, que misturava assuntos de forma confusa, que desconsiderava aspectos importantes, e por aí vai.

---

1. Outra causa bem comum, é claro, são *slides* inefetivos. Tal assunto, porém, foge do escopo deste livro. Caso queira investigar esse tema, boas referências incluem os livros *Say it with charts: The executive guide for visual communication* (Gene Zelazny) e *Design para quem não é designer* (Robin Williams).

Apresentações efetivas contam histórias claras, concisas e completas. Elas têm começo, meio e fim, com uma linha de raciocínio que encadeia todos os pontos críticos do tema. Elas conduzem a audiência de forma persuasiva por meio de fatos e dados corretos.

Mas como contar uma história efetiva?

A boa notícia é que, independentemente do tipo de apresentação, uma forma efetiva de organizar a sua história é por meio de cinco partes: abertura, resumo da situação, ideia central, corpo e conclusão. A seguir, para cada um dos cinco tipos de apresentação, explicamos o que deve conter cada uma dessas partes.

Tipo 1: Apresentações que respondem à pergunta "o que fazer?"			
Parte	Conteúdo	Explicação	Exemplo*
1. Abertura	Por que estamos aqui?	Um começo efetivo para qualquer apresentação corporativa é responder de forma objetiva e sintética à pergunta "por que estamos aqui?".	"Estamos aqui para apresentar um plano para retomar o crescimento da marca X."
2. Resumo da situação	Problemas, oportunidades, limitações.	Esta parte resume o contexto em questão, colocando todos a par dos problemas, oportunidades e limitações que se quer discutir.	"A marca X perdeu 15% de volume nos últimos 2 anos. Isso se deveu ao forte crescimento do segmento de marcas mais baratas. Não conseguimos baixar já nossos preços, em virtude dos custos atuais. Em outros mercados, já fizemos extensões de linha mais baratas de nossa marca de forma bem-sucedida."
3. Ideia central	Solução.	Aqui você oferece uma definição curta, precisa e concreta da solução.	"Propomos lançar uma extensão de linha da marca X, posicionada para competir com as marcas mais baratas."
4. Corpo	Benefícios. Como funciona.	No corpo, maior parte da sua apresentação, você detalha a sua solução: quais os benefícios dela e como ela vai funcionar.	"O produto vai ter as características A, B e C... O preço vai ser X... O objetivo de vendas é Y, com margem bruta de Z..."
5. Conclusão	Síntese. Próximos passos.	Finalmente, você sintetiza a apresentação e define os próximos passos – preferencialmente com os quais seja fácil a audiência concordar já no fim da apresentação, e/ou que criem um senso de urgência para fazer o recomendado.	"Conseguimos lançar esse novo produto em seis meses e iniciar a retomada dos negócios. Podemos ir em frente?"

* Exemplo simplificado, em que se ilustra apenas a estrutura de uma apresentação, sem entrar em detalhes sobre seu conteúdo.

Parte	Conteúdo	Explicação	Exemplo*
1. Abertura	Por que estamos aqui?	Um começo efetivo para qualquer apresentação corporativa é responder de forma objetiva e sintética à pergunta "por que estamos aqui?".	"Estamos aqui para apresentar um plano para retomar o crescimento da marca X."
2. Resumo da situação	Problemas, oportunidades, limitações	Esta parte resume o contexto em questão, colocando todos a par dos problemas, oportunidades e limitações que se quer discutir.	"A marca X perdeu 15% de volume nos últimos dois anos. Isso se deveu ao forte crescimento do segmento de marcas mais baratas. Não conseguimos baixar nossos preços em virtude dos custos atuais. Em outros mercados, já fizemos extensões de linha mais baratas de nossa marca de forma bem-sucedida."
3. Ideia central	Alternativas	Aqui, *em vez de já propor uma solução única, são apresentadas alternativas.* Nota: é uma opção o apresentador já registrar a existência de uma alternativa preferida, se esse for o caso; independentemente disso, porém, todos os caminhos serão discutidos.	"Gostaríamos de discutir três possíveis alternativas para lidar com esses desafios: *Alternativa 1*: lançar uma extensão de linha da marca X, posicionada para competir com as marcas mais baratas. *Alternativa 2*: reforçar os investimentos de comunicação da marca atual, buscando diferenciá-la da concorrência. *Alternativa 3*: reformular o nosso produto atual, buscando uma redução nos custos que nos permita baixar o preço sem afetar nossa margem de lucro."
4. Corpo	Prós e contras	Após apresentar resumidamente os caminhos, o corpo da sua apresentação deve ser uma discussão deles. Uma boa forma de fazer isso é apresentar os prós e contras de cada um.	"Alternativa 1: prós... contras... Alternativa 2: prós... contras... Alternativa 3: prós... contras..."
5. Conclusão	Convergimos em...	Ao final da apresentação, a ideia é buscar convergir para uma alternativa. Isso deve ser feito com base na apresentação em si e, é claro, levando em conta as considerações da audiência durante a apresentação.	"Concluindo, a alternativa mais indicada, segundo tudo o que apresentamos e discutimos até agora, parece ser a alternativa 1, em face dos prós que ela possui de..."

* Exemplo simplificado, em que se ilustra apenas a estrutura de uma apresentação, sem entrar em detalhes sobre seu conteúdo.

Tipo 3: Apresentações que respondem à pergunta "como estamos?"

Parte	Conteúdo	Explicação	Exemplo*
1. Abertura	Por que estamos aqui?	Um começo efetivo para qualquer apresentação corporativa é responder de forma objetiva e sintética à pergunta "por que estamos aqui?".	"Estamos aqui para atualizá-los do *status* do projeto de retomada do crescimento da marca X."
2. Resumo da situação	Projeto e objetivos	Aqui, você rapidamente relembra a todos o projeto a ser apresentado e quais os seus objetivos.	"Este projeto estabeleceu como objetivo aumentar as vendas da marca X no segundo semestre em 20% *vs.* o primeiro semestre, por meio do lançamento de uma extensão de linha da marca X, posicionada para competir com as marcas mais baratas."
3. Ideia central	Resultados	Na terceira parte, você resume muito rapidamente qual o *status* do projeto *vs.* os seus objetivos.	"Estamos no terceiro mês do projeto, e até agora os resultados estão acima dos objetivos – a marca está crescendo 27%."
4. Corpo	Indo bem P.R.A.	O corpo da sua apresentação é o detalhamento do *status* do projeto. Vale dividi-lo em duas partes: o que está indo bem e os problemas. Para estes, você deve apresentar as razões causadoras, e as ações sendo/a serem implementadas (P.R.A. = problemas, razões, ações).	"O que está indo bem: A marca foi lançada no dia tal... a distribuição está ocorrendo conforme o previsto... o conhecimento da marca está acima do objetivado etc. Problemas: Temos um potencial problema, porque dois concorrentes reduziram os seus preços, dado o nosso crescimento. Neste momento, propomos apenas acompanhar se e como isso impactará as nossas vendas, para então definir um plano de reação, se isso se fizer necessário."
5. Conclusão	Próximos passos	Finalmente, a apresentação é encerrada elencando os próximos passos do projeto.	"Concluindo, daremos sequência ao projeto fazendo A, B, C, bem como monitorando o impacto dos preços da concorrência. A nossa próxima reunião de atualização será na data X."

* Exemplo simplificado, em que se ilustra apenas a estrutura de uma apresentação, sem entrar em detalhes sobre seu conteúdo.

Tipo 4: Apresentações que respondem à pergunta "como fizemos?"			
Parte	Conteúdo	Explicação	Exemplo*
1. Abertura	Por que estamos aqui?	Um começo efetivo para qualquer apresentação corporativa é responder de forma objetiva e sintética à pergunta "por que estamos aqui?".	"Estamos aqui para dividir com vocês o que foi feito no projeto para retomar o crescimento da marca X, e quais foram os aprendizados."
2. Resumo da situação	Problemas, oportunidades, limitações.	Esta parte resume o contexto enfrentado no passado, para que todos saibam/lembrem os problemas, oportunidades e limitações que se queria discutir naquele momento.	"O contexto que enfrentávamos foi o de perda de 15% de volume em 2 anos, devido ao forte crescimento do segmento de marcas mais baratas."
3. Ideia central	Fizemos X.	Em poucas frases, sintetize o que foi feito para enfrentar a situação.	"O que fizemos foi lançar uma extensão de linha da marca X, posicionada para competir com as marcas mais baratas."
4. Corpo	Por que X? Como foi feito?	Aponte os porquês que justificam o que foi feito. Explique os principais pontos de como o projeto foi feito.	"Em essência, as razões que nos levaram a fazer isso foram A, B e C..." Para executar esse lançamento, fizemos X, Y e Z..."
5. Conclusão	Resultados obtidos e resumo dos aprendizados.	Conclua com um sumário dos resultados do projeto e dos aprendizados para projetos futuros.	"Os resultados finais foram X. Como principais aprendizados do projeto, destacamos os pontos D, E e F."

* Exemplo simplificado, em que se ilustra apenas a estrutura de uma apresentação, sem entrar em detalhes sobre seu conteúdo.

Tipo 5: Apresentações que respondem à pergunta "como funciona?"

Parte	Conteúdo	Explicação	Exemplo*
1. Abertura	Por que estamos aqui?	Um começo efetivo para qualquer apresentação corporativa é responder de forma objetiva e sintética à pergunta "por que estamos aqui?".	"Olá. Estamos aqui para orientá-los sobre como lidar com *e-mails* estranhos que possam conter vírus."
2. Resumo da situação	Importância	Antes de começar a dar instruções, sensibilize a audiência para a importância do tema.	"Este assunto é da mais alta importância, pois um *e-mail* com vírus pode apagar todos os arquivos do seu computador, roubar suas senhas e ainda afetar todo o sistema da empresa."
3. Ideia central	É assim...	Tente sintetizar o ponto central da sua mensagem.	"Se pudéssemos resumir em uma frase o que devemos fazer, seria o seguinte: não abrir anexos de *e-mails* de pessoas desconhecidas."
4. Corpo	Passos. Pontos de atenção.	Aqui você detalha, se aplicável, um passo a passo para fazer as coisas, bem como chama a atenção para os pontos mais críticos.	"Ao receber um *e-mail* de pessoa desconhecida com anexos, faça o seguinte: passo 1, passo 2.... Especial atenção com anexos com a terminação X, que são ainda mais perigosos..."
5. Conclusão	Como seguir daqui em diante?	Finalmente, você conclui a apresentação relembrando e resumindo o que é esperado que a audiência faça.	"Então, pessoal, relembrando, daqui em diante, vocês devem: ... ..."

* Exemplo simplificado, em que se ilustra apenas a estrutura de uma apresentação, sem entrar em detalhes sobre seu conteúdo.

O esquema a seguir sintetiza o conteúdo de cada parte de uma apresentação, conforme o seu tipo.

Parte	1. O que fazer?	2. Que caminho seguir?	3. Como estamos?	4. Como fizemos?	5. Como funciona?
1. Abertura	Por que estamos aqui?	*Idem.*	*Idem.*	*Idem.*	*Idem.*
2. Resumo da situação	Problemas, oportunidades, limitações.	*Idem.*	Projeto e objetivos.	Problemas, oportunidades, limitações.	Importância.
3. Ideia central	Solução.	Alternativas.	Resultados.	Fizemos X.	É assim...
4. Corpo	Benefícios. Como funciona.	Prós e contras.	Indo bem P.R.A.	Por que X? Como foi feito?	Passos. Pontos de atenção.
5. Conclusão	Síntese. Próximos passos.	Convergimos em...	Próximos passos.	Resultados obtidos e resumo dos aprendizados.	Como seguir daqui em diante?

Apêndice C:
AUTOAVALIAÇÃO — ONDE ESTÃO SUAS FORÇAS E OPORTUNIDADES PARA FAZER ACONTECER?

Você gostaria de saber em quais dos três pontos – planejar (passos 1, 2 e 3), agir (passo 4) ou controlar/ajustar (passo 5) – você é mais forte?

Pois vamos lá. Responda ao questionário a seguir e veja.

> **AUTOAVALIAÇÃO | FAZER ACONTECER**

Como proceder

- Primeiro, leia com atenção todas as 12 frases a seguir.
- Assinale 5 pontos para as três frases que mais descrevem você no trabalho atualmente, individualmente e com sua equipe.
- Assinale 1 ponto para as três frases que menos descrevem você no trabalho atualmente, individualmente e com sua equipe.
- Distribua 2, 3 ou 4 pontos para as frases restantes, em função de quanto elas descrevem você no trabalho atualmente, individualmente e com sua equipe.

Frase	Pontos
1. Não saio fazendo as coisas. Primeiro crio planos que definam de forma simples, clara e específica o que precisa ser feito e por quem, com incentivos apropriados que reforcem as prioridades.	
2. Tenho processos claros que padronizam as principais entregas, buscando a melhor combinação de prazo, custo e qualidade com minha equipe.	
3. Quando um plano não está sendo implementado ou os resultados estão abaixo das metas, busco entender as causas com minha equipe.	
4. Concluo o planejamento no prazo, de forma correta e completa.	
5. Para começar a resolver um tema, procuro primeiro entender claramente o que está acontecendo e o que se busca atingir.	
6. Delego a execução do plano conforme apropriado, porque acredito que esse é o caminho para entregá-lo e, ao mesmo tempo, desenvolver pessoas.	
7. Acompanho se as metas estão sendo atingidas.	
8. Defino, em conjunto com as pessoas, metas que são completas, desafiantes e atingíveis, alinhadas às prioridades.	
9. Ajusto ou mudo completamente os planos quando esses se provam inefetivos para o atingimento das metas.	
10. Organizo o trabalho da semana e no dia a dia, de acordo com esse planejamento.	
11. Com minha equipe, procuro entender em profundidade os problemas enfrentados, definindo-os claramente e identificando as causas por trás deles.	
12. Acompanho de perto a implementação dos planos.	

Como calcular os pontos

Após fazer sua autoavaliação, some os pontos conforme segue:

Soma planejar
Frases 1+5+8+11

Soma agir
Frases 2+4+6+10

Soma controlar/ajustar
Frases 3+7+9+12

A maior pontuação indica em qual você se vê como mais forte!

E a menor, é claro, em qual você tem mais oportunidades de melhoria!

Apêndice D:
PESQUISA SOBRE O PERFIL DE EXECUTIVOS BRASILEIROS

Se você preencheu a sua autoavaliação, ou mesmo que ainda não tenha feito isso, talvez já tenha se perguntado: onde será que, em geral, as pessoas são mais fortes – no planejar, no agir ou no controlar/ajustar?

Para responder a essa pergunta, observe os resultados da autoavaliação que foi respondida por 200 executivos brasileiros que participaram de programas de desenvolvimento coordenados pela Atingire. São executivos de variadas indústrias, áreas, funções, idades e nível de liderança.

Olhando o total da amostra, temos os seguintes números:

Quem	% dos entrevistados cujo ponto mais forte foi:		
	Planejar	Agir	Controlar/ajustar
Total da amostra	37%	22%	41%

Nota: Para simplificação, estão sendo desconsiderados nesses e nos números a seguir os respondentes em que houve empate de importância entre dimensões (8% dos casos).

Nota-se claramente que os executivos se autoavaliam como mais fortes em planejar e controlar/ajustar, com um porcentual menor de pessoas apontando como seu ponto forte o agir.

Isso é congruente com o que foi discutido no capítulo sobre agir (passo 4). Parece haver uma supervalorização do planejamento nas empresas (e de seu controle e ajuste), atividade mais "glamourosa" que executar. Nas faculdades e cursos, são várias as disciplinas sobre planejamento (e acompanhamento), mas poucas ou nenhuma sobre como colocar as coisas na prática. Talvez uma combinação desses fatores nos tenha preparado melhor para planejar e controlar/ajustar, do que para executar.

Veja, não há nada de errado em ser muito bom em planejamento e controle/ajuste. É claro que não, eles são indispensáveis para fazer acontecer. Mas isso não pode vir *no lugar de* uma boa capacidade de executar. Temos que ter um *e* outro, e não um *ou* outro! Afinal, como já enfatizamos anteriormente, é o que executamos de nossos planos que traz resultado, e não o plano em si.

E como ficam esses resultados se quebrarmos a amostra em homens e mulheres? Vejamos:

Quem	% dos entrevistados cujo ponto mais forte foi:		
	Planejar	Agir	Controlar/ajustar
Total da amostra	37%	22%	41%
Homens	43%	18%	39%
Mulheres	33%	24%	43%

Os números evidenciam uma distribuição similar com o total da amostra, com os homens um pouco mais concentrados no planejar, enquanto um porcentual maior de mulheres se autoavalia como mais forte em agir.

E se dividirmos a amostra por idade? Estes são os números:

Quem	% dos entrevistados cujo ponto mais forte foi:		
	Planejar	Agir	Controlar/ajustar
Total da amostra	37%	22%	41%
18 a 35 anos	37%	26%	37%
36 ou mais anos	36%	14%	50%

Veja que interessante: no planejar não há muita diferença, mas nota-se um porcentual maior que se autoavalia como mais forte em agir entre os mais jovens, enquanto entre os de mais idade há uma proporção maior de pessoas que se enxergam como mais fortes em controlar/ajustar.

Isso talvez se deva ao fato de que pessoas mais velhas tendam naturalmente a estar em posições mais seniores devido aos seus anos de mercado e, nessas posições, faz sentido que o tempo investido em controlar/ajustar seja proporcionalmente maior que aquele investido em agir (embora, é claro, este também seja importante, como sempre).

Finalmente, vejamos os resultados por nível de liderança:

Quem	% dos entrevistados cujo ponto mais forte foi:		
	Planejar	Agir	Controlar/ajustar
Total da amostra	37%	22%	41%
Não tem equipe direta	29%	24%	47%
Lidera pessoas	41%	26%	33%
Lidera líderes	35%	13%	52%

Chamam a atenção aqui pelo menos dois números – o de controlar/ajustar é mais alto que a média para quem não tem equipe e para quem lidera líderes – possivelmente por razões distintas.

Para o líder de líderes, uma hipótese é a de que, por haver muitas pessoas se reportando a ele direta e indiretamente, a maior parte do tempo ele tenha justamente que controlar/ajustar para fazer acontecer, o que o torna muito forte nesse ponto. Note que poucos líderes desse nível apontaram como maior força o agir – apenas 13%. Isso não necessariamente representa um problema, desde que ele tenha uma equipe bem forte na execução.

Entretanto, também entre aqueles que não têm equipe direta, o porcentual de pessoas que se julgou mais forte em controlar/ajustar foi mais alto que a média. Talvez a explicação aqui esteja relacionada a um mau planejamento. Como já discutimos anteriormente, um planejamento ruim vai gerar muito retrabalho, confusão, erros, metas não batidas. Resultado? Temos que controlar e ajustar o tempo todo, o que talvez explique por que pessoas desse nível se vejam fazendo isso bem.

* * *

Não existe um ponto "melhor" para ser forte. Como discutido durante todo este livro, todos são importantes para fazer acontecer.

Esta pesquisa tem três conclusões-chave:

1. Se você tem um ponto em que se destaca, ótimo – alavanque essa fortaleza para fazer acontecer. Se em algum é claramente mais fraco, tome cuidado para ele não se tornar uma barreira para o fazer acontecer com excelência.
2. Dentro do possível, construa equipes que tenham fortalezas em pontos diferentes, de forma que você consiga equilibrar o grupo e alavancar o melhor de cada um.
3. Cuidado para não enfatizar demais a importância de um ponto em detrimento dos demais. A cultura de uma empresa é formada pelo comportamento dos líderes; se estes valorizarem desproporcionalmente um determinado ponto, é esse ponto que as pessoas focarão – no extremo, de forma exclusiva. No entanto, para fazer acontecer, os três são necessários.

Apêndice E:
UM PLANO EM UMA PÁGINA

Para apresentar ou discutir um plano que você desenhou, você pode usar a estrutura a seguir, que esquematiza os passos 1, 2 e 3 de forma bem visual e sintetizada.

Situação: Qual a realidade indesejada?
Definir em uma frase a situação a ser resolvida ou melhorada.
Detalhar tamanho, localização, frequência e duração.

Visão: Aonde você quer chegar?
Definir em uma frase a sua visão em relação à situação, aonde você quer chegar, o que é sucesso.
Critérios para uma boa visão: ser audaciosa, desejável e clara/comunicável.

Problemas e causas: Por que não estamos lá?
Apontar os problemas e causas que explicam por que enfrentamos a situação.

Metas: Qual o resultado desejado?
Concretizar a visão em metas Smart, conectadas com a visão e com os problemas/causas.

Planos: O que faremos para atingir a meta?
Detalhar o plano na forma 5W2H-AR.

Incentivos: Quais incentivos serão associados às metas e aos planos?
Detalhar os incentivos utilitários e psicológicos.

Referências bibliográficas

ARIELY, Dan (2010). "You are what you measure". *Harvard Business Review*, jun.

ASPESI, Claudio e VARDHAN, Dev (1999). "Brilliant strategy, but can you execute?". *The McKinsey Quarterly*, n. 1.

BERGER, Lance e BERGER, Dorothy (orgs.) (2011). *The talent management handbook: Creating a sustainable competitive advantage by selecting, developing, and promoting the best people*. Nova York: McGraw-Hill.

BOSSIDY, Larry e CHARAN, Ram (2010). *Execução: A disciplina para atingir resultados*. São Paulo: Elsevier.

BRYAN, Lowell L. (2002). "Just in time strategy for a turbulent world". *McKinsey Quarterly – Special edition risk and resilience*.

CHARAN, Ram (2001). *What the CEO wants you to know*. Nova York: Crown Business.

CHARAN, Ram e USEEM, Jerry (2002). "Why companies fail". *Fortune*, 15/5.

COLLINS, Jim (2001). *Good to great*. Nova York: HarperCollins.

COLLINS, Jim e PORRAS, Jerry I. (2004). *Built to last: Successful habits of visionary companies*. Nova York: HarperCollins.

CORREA, Cristiane (2013). *Sonho grande*. Rio de Janeiro: Sextante.

COURTNEY, Hugh; KIRKLAND, Jane e VIGUERIE, Patrick (1997). "Strategy under uncertainty". *Harvard Business Review*, nov.-dez.

EDMONDSON, Amy C. (2011). "Strategies for learning from failure". *Harvard Business Review*, abr.

FALCONI, Vicente (2004a). *Gerenciamento da rotina do dia-a-dia*. Nova Lima: INDG Tecnologia e Serviços Ltda.

_____ (2004b). *Gerenciamento pelas diretrizes*. Nova Lima: INDG Tecnologia e Serviços Ltda.

_____ (2009). *O verdadeiro poder*. Nova Lima: INDG Tecnologia e Serviços Ltda.

FIFER, Bob (1995). *Double your profits in 6 months or less*. Nova York: HarperCollins.

FRIGA, Paul N. (2009). *The McKinsey engagement*. Nova York: McGraw-Hill.

HARTMAN, Amir (2004). *Ruthless execution*. Nova Jersey: Person Education.

HREBINIAK, Lawrence G. (2005). *Making strategy work*. Nova Jersey: Person Education.

ISAACSON, Walter (2011). *Steve Jobs: A biografia*. São Paulo: Companhia das Letras.

JOYCE, William; NOHRIA, Nitin e ROBERSON, Bruce (2003). *What really matters*. Nova York: HarperCollins.

JUCÁ, Fernando (2014). *Expertise em aprender*. Campinas: Papirus 7 Mares.

JUCÁ, Fernando et al. (2012). *Academia de liderança*. Campinas: Papirus 7 Mares.

KAPLAN, Robert S. e NORTON, David P. (2008). *The execution premium: Linking strategy to operations for competitive advantage*. Boston: Harvard Business School Press.

KHADEM, Riaz e LORBER, Robert (2007). *One page management*. Atlanta: Infotrac.

LUZIO, Fernando (2010). *Fazendo a estratégia acontecer: Como criar e implementar as iniciativas da organização*. São Paulo: Cengage Learning.

MANKINS, Michael C. e STEELE, Richard (2005). "Turning great strategy into great execution". *Harvard Business Review*, jul.-ago.

MARTIN, Roger (2010). "Drawing a line between strategy and execution almost guarantees failure". *Harvard Business Review*, jul.-ago.

MINTO, Barbara (2010). *The Minto pyramid principle: Logic in writing, thinking and problem solving*. Londres: Minto International Inc.

MINTZBERG, Henry (2010). *Managing: Desvendando o dia-a-dia da gestão*. Porto Alegre: Bookman.

MURPHY, Mark (2011). *Metas que desafiam*. São Paulo: Clio.

NEILSON, Gary L.; MARTIN, Karla L. e POWERS, Elisabeth (2008). "The secrets for successful strategy execution". *Harvard Business Review*, jun.

OSTERWALDER, Alexander e PIGNEUR, Yves (2011). *Business model generation*. Rio de Janeiro: Alta Books.

PINK, Daniel (2010). *Motivação 3.0*. São Paulo: Elsevier.

RADFAHRER, Luli (2011). "99% transpiração". *Folha de S. Paulo*, 28/11, São Paulo. (Caderno Tec)

REVES, Martin e DEIMLER, Mike (2011). "Adaptability: The new competitive advantage". *Harvard Business Review*, jul.-ago.

REVISTA HSM MANAGEMENT (2010). "Dossiê execução", ano 14, v. 6, n. 83, nov.-dez., pp. 73-106.

RIES, Eric (2011). *A startup enxuta*. São Paulo: Lua de Papel.

ROXBURGH, Charles (2009). "The use and abuse of scenarios". *McKinsey Quarterly*, nov.

RUMMLER, Geary A. (2007). *Serious performance consulting*. São Francisco: Pfeiffer.

SENGE, Peter (2013). *A quinta disciplina*. São Paulo: Best Seller.

SOBEK, Durward K. e SMALLEY, Art (2008). *Understanding A3 thinking*. Boca Raton: CRC Press.

STEWART, Thomas A. e O'BRIEN, Louise (2009). "Execution without excuses". *Harvard Business Review*, maio.

ZOOK, Chris e ALLEN, James (2011). "The great repeatable business model". *Harvard Business Review*, nov.